Tecnologia e Bambini
Una Guida all'Uso Consapevole

Di Andreozzi Alessandro

Prefazione di; Andreozzi Alessandro

Testo ottimizzato con l'utilizzo dei IA generativa a cura di
Andreozzi Alessandro

Prefazione

Caro lettore,

Quando mia figlia ha compiuto sei anni, mi sono trovato di fronte a una scelta difficile: come integrare la tecnologia nella sua vita senza compromettere la sua crescita e il suo sviluppo. Come molti genitori, ero preoccupato che l'uso precoce della tecnologia potesse limitare la sua crescita in modi che non riuscivo nemmeno a immaginare.

I miei preconcetti riguardo a Internet e ai suoi contenuti rischiavano di penalizzare pesantemente Tiana. Pensavo di sapere tutto quello che c'è da sapere, dato che lavoro online con Internet. Le mie convinzioni mi portavano a credere che il mondo esterno fosse troppo crudo per la mia piccola principessa, e non mi rendevo conto di quanto pesantemente stessi intervenendo in modo negativo.

Con il tempo, però, mi sono reso conto che la mia resistenza non stava solo limitando la sua esposizione alla tecnologia, ma anche le sue opportunità di apprendimento e crescita. Ho capito che, piuttosto che proibire, dovevo trovare un modo per integrare la tecnologia nella sua vita in modo sicuro e responsabile.

È stato allora che ho deciso di affidare a mia figlia un tablet. Sì, un tablet tutto suo, ma con una grande responsabilità. Le ho spiegato che avrebbe dovuto usarlo non solo per divertirsi, ma anche per imparare e crescere. La strada verso la perfezione è lunga e tortuosa, ma con il tempo, ho visto mia figlia acquisire competenze e conoscenze che non avrei mai immaginato.

A otto anni, mia figlia non solo è diventata più consapevole e responsabile nell'uso della tecnologia, ma ha anche dimostrato un'incredibile capacità di apprendimento. Ha imparato a usare applicazioni educative, ha esplorato il mondo attraverso video e giochi interattivi, e ha perfino iniziato a seguire un corso di inglese online insieme a tutta la famiglia. La sua curiosità e il suo entusiasmo per l'apprendimento ci ha ispirati tutti.

Questo libro nasce dalla mia esperienza personale e dal desiderio di condividere con altri genitori e educatori le strategie che ho trovato più efficaci per un uso consapevole e responsabile della tecnologia. Spero che le mie esperienze e i miei consigli possano aiutare altri a trovare un equilibrio tra l'uso della tecnologia e la crescita sana e armoniosa dei loro figli.

Dedico questo libro a mia figlia, la mia piccola ragazzina di otto anni, che mi ha insegnato tanto e mi ha ispirato a scrivere queste pagine. Grazie a lei, ho capito che la tecnologia, se usata con saggezza, può essere un alleato prezioso nel percorso di crescita dei nostri figli.

Come Leggere Questo Libro

Partiamo dal primo concetto: non mi sogno minimamente di insegnare come educare i vostri figli. Dopo otto anni, sono sicuro di dover ancora imparare tantissimo, e non mi sento in grado di giudicare chi vede in Internet o nei social media un nemico da temere o debellare in tutti i modi. Conosco genitori che avrebbero un colpo a sapere che i propri figli usano o vedono un cellulare, men che mai un tablet. Alcuni addirittura razionano pure la quantità di TV, seppur con i canali espressamente studiati per i più piccoli.

Ognuno ha il diritto di educare il proprio figlio come meglio crede. Questo testo si propone soltanto di generare delle domande, le stesse che mi sono posto e ancora mi pongo io, cercando di dare delle risposte.

Ovviamente, nel caso di patologie, il mio consiglio rimane sempre quello di rivolgersi a professionisti che si occupano di dipendenze o di psicologia infantile. Mi rendo perfettamente conto che ci sono moltissime situazioni anche gravi che andrebbero affrontate in modo più accurato. In questi casi, vi sconsiglio di rivolgervi a un semplice testo. Serve aiuto e supporto vero da veri professionisti in grado di fare serie valutazioni. Diffidatevi di chi ha la soluzione in tasca; vi portano via soldi per poi lasciarvi con un pugno di mosche in mano.

Gran parte di questa tecnologia si sta sviluppando in questo momento mentre sto scrivendo, per cui, quello che oggi potrebbe essere un punto fermo, domani sarà solo storia passata. Se penso a quello che facevamo ieri e quello che riusciamo a fare oggi con la AI, figuriamoci.

Ma tornando a noi e al mio testo. La prima parte del libro, il Capitolo 1, l'ho dedicata agli approfondimenti con citazioni delle fonti e degli studi. Mi rendo conto che è davvero noiosa, per cui se volete potete saltarla o leggerla in un secondo momento, saltando al Capitolo 2 e successivi. Sperando che siano meno noioso e più godibili. Vi segnalo già da qui il capitolo clou del libro, il 4 e il 5. Molti dei temi che mi hanno creato incubi notturni risiedono in questi due capitoli, se volete potete saltare direttamente li e magari leggervi il resto con molta calma. Nel Capitolo 6 affronto in modo non troppo approfondito dell'AI, per conoscenze approfondite vi rimando ad altri testi o video online.

Lo dico chiaro a scanso di qualsiasi dubbio, questo libro nasce soprattutto grazie all'integrazione di AI con le mie idee, conoscenze, dubbi. Capitolo interessante che credo valga la pena leggere, Magari potrete apprezzare un punto di vista diverso dell'AI e della tecnologia. In fine, c'é un recap generico con molti miei pensieri. In effetti più o meno in ogni capitolo ho lasciato qualcosa di mio. Ma alla fine vi lascio proprio il mio pensiero. Ultima cosa, ci sono molte ripetizioni, non sono refusi, sono volute, perché certi argomenti voglio proprio che rimangano impressi.

Lo voglio ripetere, a parte qualche nozione tecnica riferita a Internet, al suo funzionamento e al modo in cui vengono processati i nostri dati, argomento che investe il mio lavoro, per il resto sono personali valutazioni, una sorta di racconto tra amici che vedono i propri figli crescere in un mondo in continuo mutamento.

Chiudo anche questo spiegone con questa ultima annotazione. Tornando alle AI, negli ultimi due anni, c'è stata un'evoluzione pazzesca della tecnologia. Siamo passati da un'AI basica in grado di fare poche cose con routine anche complesse, a un'AI che da una foto può generare un video, da un audio può generare un parlato del tutto identico con frasi mai pronunciate dal diretto interessato, con la capacità di comunicare direttamente da una chat vocale come se chiamassi un amico per un supporto. Da non confondere con i risponditori tipo Alexa che ancora sono molto ma molto limitati e basici. Questo significa che è sempre più difficile riconoscere un contenuto fake da uno reale. Questo dovrebbe spaventarvi? Secondo me assolutamente sì, soprattutto se ritardate le competenze dei vostri figli, che domani, fra due anni, o fra dieci, si ritroveranno tantissimi input senza la capacità di riconoscere il vero dal falso.

Per cui mi rimane solo da augurarvi una buona lettura, sperando che almeno qualche dubbio vi venga su come approcciare la tecnologia nel 2024.

Ringraziamenti

Ci sono due persone a cui devo moltissimo, e per mia fortuna sono entrambe all'interno del mio cerchio famigliare.

Sono due delle quattro donne più importanti che ho avuto l'onore, per certi versi la costanza, e la lungimiranza di incontrare e di conoscere.

Ovviamente mia figlia da cui ho tratto una profonda aspirazione e da dove ho preso a due mani per mettere qui dentro, e mia moglie che mi sopporta e supporta nonostante le mille difficoltà problemi e incertezze.

Per una nave è fonte di estrema sicurezza avere davanti a se l'imboccatura del porta e il faro che la guida.

Questo viaggio può esistere solo grazie a loro e solo grazie a loro ha un senso.

INDICE:

TECNOLOGIA E BAMBINI — - 1 -

PREFAZIONE — - 3 -

COME LEGGERE QUESTO LIBRO — - 5 -

CAPITOLO 1: IL MONDO DIGITALE DEI BAMBINI: UNA PREMESSA COSA DICONO ESPERTI DEL SETTORE — - 22 -
Studio dell'American Academy of Pediatrics (AAP): — - 23 -
Principali Raccomandazioni dell'AAP: — - 23 -
   Uso Moderato e Supervisionato: — - 23 -
   Risorse Digitali di Qualità: — - 24 -
Equilibrio tra Tecnologia e Altre Attività: — - 24 -
Educazione alla Tecnologia: — - 25 -
Consigli Pratici per i Genitori: — - 25 -
Rapporto di "New Media Consortium Horizon Report": — - 26 -
Principali Conclusioni del Rapporto: — - 26 -
   Integrazione della Tecnologia Informatica: — - 26 -
Realtà Aumentata (AR): — - 27 -
Esempi Pratici di Integrazione Tecnologica: — - 28 -
   Piattaforme di Apprendimento Online: — - 28 -
   Applicazioni di Realtà Aumentata: — - 28 -
   Simulazioni Interattive: — - 29 -
Consigli per Genitori e Educatori: — - 29 -
Ricerca dell'Università della California, Irvine: — - 30 -
Principali Conclusioni dello Studio: — - 30 -
   Interazione Attiva: — - 30 -
Gioco Collaborativo: — - 31 -
Esempi Pratici di App Educative Interattive: — - 32 -
   Giochi di Matematica: — - 32 -
   Giochi di Lettura e Scrittura: — - 32 -
Consigli per Genitori e Educatori: — - 33 -
Ricerche sulla Gamification: — - 34 -
   Principali Conclusioni degli Studi: — - 34 -

Miglioramento dell'Apprendimento: — 34 —
Esempi Pratici di Gamification nell'Educazione: — 35 —
   Quiz Interattivi: — 35 —
   Giochi Educativi: — 35 —
Consigli per Genitori e Educatori: — 36 —
Studio della Rivista "Pediatrics": — 37 —
Principali Conclusioni della Revisione della Letteratura: — 37 —
   Associazione con Problemi di Salute Mentale: — 37 —
   Mitigazione dei Rischi: — 38 —
Consigli Pratici per i Genitori: — 39 —
Studio pubblicato sulla rivista "JAMA Pediatrics": — 40 —
Principali Conclusioni della Ricerca: — 40 —
   Difficoltà di Attenzione: — 40 —
Problemi Comportamentali: — 41 —
   Stabilire Limiti di Tempo: — 42 —
Promuovere Interazioni Sociali: — 42 —
Coinvolgimento Attivo: — 43 —
Conclusione: — 43 —
Rapporto "Screen Time and Children's Mental Health" dell Human Development Institute: — 44 —
Principali Conclusioni del Rapporto: — 45 —
Ricerca sull'Impatto del Cyberbullismo: — 46 —
Principali Conclusioni del Rapporto: — 47 —
   Aumento del Rischio di Cyberbullismo: — 47 —
Impatto sulla Salute Mentale: — 47 —
Strategie di Prevenzione e Intervento: — 48 —
   Educazione e Consapevolezza: — 48 —
   Monitoraggio e Supporto: — 49 —
Coinvolgimento della Comunità: — 49 —
Conclusione: — 50 —
Ludo-Dipendenze in Tenera Età: Un'Analisi e Consigli per Gli Educatori — 50 —
Principali Conclusioni delle Ricerche: — 51 —
   Accesso Facile e Coinvolgimento: — 51 —
Effetti Negativi sulla Salute Mentale: — 51 —
Esempi Pratici di Intervento: — 52 —
   Educazione e Consapevolezza: — 52 —
   Monitoraggio e Supporto: — 52 —
Coinvolgimento della Comunità: — 53 —

Conclusione:	- 53 -
Considerazioni Generali	- 54 -
Aumento dell'uso dei social media come fonte di informazione	- 55 -
Ricerca delle informazioni	- 56 -
Tendenze emergenti	- 57 -
Rischi e sfide	- 57 -
Conclusioni	- 58 -
In-Mind.org	- 58 -
Save the Children Italia	- 59 -
Igea Magazine	- 59 -
Auxologico	- 60 -

CAPITOLO 2: INTRODUZIONE ALL'USO DELLA TECNOLOGIA IN GIOVANE ETÀ — - 61 -

Strategie e Attività per un Uso Consapevole	- 61 -
Caccia al Tesoro Geolocalizzata:	- 65 -
Fotografia Naturalistica:	- 66 -
App per l'Osservazione della Natura:	- 66 -
Esplorazione Astronomica:	- 66 -
Monitoraggio delle Attività Fisiche:	- 66 -
Diari Multimediali di Viaggio:	- 67 -
Giochi di Realtà Aumentata (AR):	- 67 -
Gamification	- 67 -
Miglioramento delle Abilità Cognitive:	- 68 -
Apprendimento Motivato e Coinvolgente:	- 68 -
Sviluppo delle Competenze Sociali:	- 69 -
Creatività e Immaginazione:	- 70 -
Apprendimento Differenziato e Personalizzato:	- 70 -
Sviluppo delle Abilità Motorie e Sensoriali:	- 71 -
Strumenti di Parental Control	- 72 -
Guide e Risorse Educative	- 73 -
Attività e Discussioni con i Bambini	- 74 -
Gestione dei Video su YouTube	- 75 -
Creare un Ambiente di Dialogo Aperto	- 75 -
Visione Condivisa	- 75 -
Riflessione Critica	- 75 -
Utilizzare Risorse Esterne	- 76 -
Stabilire delle Regole	- 76 -

Quiz Fine capitolo — - 77 -
    Piccolo Chiarimento sui Quiz — - 77 -
    Integrazione della Tecnologia e Attività All'aria Aperta — - 78 -
    Gamification e Apprendimento — - 78 -
    Strumenti di Parental Control — - 79 -
    Guide e Risorse Educative — - 80 -
    Attività e Discussioni con i Bambini — - 81 -
    Gestione dei Video su YouTube — - 81 -
Riflessione Finale — **- 83 -**

CAPITOLO 3: SOCIAL MEDIA E TARGETING: COME FUNZIONANO
— **- 84 -**

Comprensione del Targeting Pubblicitario sui Social — **- 84 -**
Cos'è il Targeting Pubblicitario? — **- 87 -**
Perché È Importante Comprendere il Targeting? — **- 87 -**
Approfondimento ed esempio — **- 88 -**
Esempi Pratici di Targeting — **- 89 -**
Consigli per Educare i Bambini — **- 90 -**
Riflessioni sul Targeting Pubblicitario — **- 93 -**
Quiz: Social Media e Bambini - Una Riflessione Importante — **- 96 -**
    Domanda 1: Cos'è il Targeting Pubblicitario? — - 96 -
    Domanda 2: Perché è importante comprendere il targeting pubblicitario? — - 96 -
    Domanda 3: Quale di questi esempi descrive il targeting geografico? — - 96 -
    Domanda 4: Perché un cellulare usato da un adulto non dovrebbe essere usato da un bambino come oggetto di compagnia? — - 97 -
    Domanda 5: Cosa potrebbe succedere se un bambino accedesse a un account YouTube pieno di video su auto da corsa e incidenti? — - 97 -
    Domanda 6: Perché è importante educare i bambini sulla privacy online? — - 98 -
    Domanda 7: Quale di queste azioni è consigliata per proteggere i bambini online? — - 98 -
    Domanda 8: Cosa potrebbe succedere se un bambino vedesse un post crudo su bambini mutilati durante una guerra? — - 98 -
    Domanda 9: Perché è importante riflettere su chi vede i contenuti sui social media? — - 99 -
    Domanda 10: Cosa potrebbe capire una bambina di 9 anni da una canzone trap con testi poetici? — - 99 -
Risposte — **- 100 -**
Riflessione Finale — **- 101 -**

CAPITOLO 4: GIOCO D'AZZARDO E CYBERBULLISMO: COME RICONOSCERLO E COMBATTERLO — 102 —

IL GIOCO D'AZZARDO ONLINE: UN RISCHIO CRESCENTE — 104 —
Accessibilità e Attrattività — 104 —
Psicologia del Gioco d'Azzardo in Giovane Età — 105 —
Conseguenze della Dipendenza dal Gioco d'Azzardo — 106 —
Interventi e Prevenzione — 107 —
Conseguenze del Gioco d'Azzardo Online: — 108 —
Qualche dato preso dalla rete — 109 —
Citazione Istituto Maggiore della Sanità — 113 —
La fallacia dei costi sommersi — 114 —
Conclusione — 117 —

IL CYBERBULLISMO: UNA MINACCIA SILENZIOSA — 118 —
Storie Vere di Cyberbullismo: Dare un Volto alla Sofferenza — 120 —
    La Storia di Marco — 120 —
    La Storia di Laura — 122 —
    La Storia di Giovanni — 123 —
Conclusione — 123 —
La "Sconfitta della Società" — 124 —
    Mancanza di Interazione diretta — 124 —
    Ridotto Senso di Comunità — 125 —
    Dinamiche Sociali Online — 125 —
    Anonimato e Disinibizione — 125 —
    Eco Camere e Polarizzazione — 126 —
    Viralità e Amplificazione — 126 —
    Viralità e Cyberbullismo — 127 —
    L'Impatto della Viralità — 127 —
    La Velocità della Diffusione — 127 —
    La Portata della Diffusione — 128 —
    Conclusione — 128 —
    Mancanza di Supervisione Adulta — 129 —
    Monitoraggio e Intervento — 129 —
    Educazione Digitale — 129 —
    La Necessità di Educazione Digitale — 129 —
    Dinamiche del Mondo Digitale — 130 —

Rischi e Pericoli Online	- 130 -
Il Ruolo degli Adulti	- 131 -
L'Educazione Digitale Come Soluzione	- 131 -
Programmi Educativi e Campagne di Sensibilizzazione	- 131 -
Coinvolgimento delle Famiglie	- 132 -
Supporto Psicologico e Sociale	- 132 -
Conclusione	- 133 -
Caratteristiche del Cyberbullismo	- 134 -
Il cyberbullismo può assumere molte forme, tra cui:	**- 134 -**
Impatti Psicologici del Cyberbullismo	- 135 -
Fattori di Rischio e Vulnerabilità	- 136 -
Interventi e Prevenzione	- 137 -
Conseguenze del Cyberbullismo:	- 139 -
Strategie per Gestire e Combattere il Gioco d'Azzardo Online	- 140 -
Strategie per Gestire e Combattere il Cyberbullismo	- 140 -
Dati della sorveglianza Health Behaviour in School-aged Children HBSC Italia 2022	- 142 -
Riflessioni per i Genitori	- 143 -
Considerazione Personale	**- 144 -**

CAPITOLO 5: REALTÀ VS. SOCIAL: IL DOPPIO VOLTO DELLA TECNOLOGIA — - 147 -

Analisi delle Differenze e Impatti Psicologici	**- 149 -**
Analisi delle Differenze tra Realtà e Social Media	**- 149 -**
La Realtà: Un Mondo Complesso e Multidimensionale	- 149 -
Interazioni Faccia a Faccia	- 150 -
Esperienze Tangibili	- 150 -
Relazioni Concrete	- 150 -
Emozioni e Reazioni Immediate	- 151 -
Conseguenze Evidenti	- 151 -
Complessità e Multidimensionalità	- 152 -
Conclusione	- 152 -
I Social Media	**- 153 -**
Interazioni attraverso Schermi e Tastiere	- 153 -
Limitazioni della Comunicazione Digitale	**- 153 -**
Assenza di Linguaggio Paraverbale	- 153 -
Frammentazione della Comunicazione	- 154 -
Comunicazione Superficiale e Manipolata	- 154 -

Filtraggio e Manipolazione	- 155 -
Immagini Ritoccate	- 155 -
Testi e Video Manipolati	- 155 -
Costruzione di Identità Digitali	- 155 -
Aspetti della Costruzione di Identità Digitale	- 156 -
Selezione e Curatela	- 156 -
Influenza degli Algoritmi	- 156 -
Diffusione di Informazioni False e Creazione di Aspettative Irrealistiche	- 156 -
Diffusione di Informazioni False	- 157 -
Notizie False e Teorie del Complotto	- 157 -
Manipolazione dell'Opinione Pubblica	- 157 -
Creazione di Aspettative Irrealistiche	- 157 -
Standard di Bellezza e Successo	- 157 -
Pressione Sociale	- 158 -
Conclusione	- 158 -
Differenze Chiave	- 159 -
Immediatezza vs. Mediatezza	- 159 -
Profondità vs. Superficialità	- 159 -
Autenticità vs. Artificiosità	- 159 -
La Comunicazione sui Social Media: Un Limite Invalicabile	- 159 -
L'Importanza del Linguaggio Paraverbale	- 160 -
Impatto sulla Comprensione	- 160 -
Testimonianze di Giovani Utenti e Adulti	- 161 -
Giovani Utenti	- 161 -
Maria, 16 anni:	- 161 -
Luca, 18 anni:	- 161 -
Adulti	- 161 -
Giovanni, 35 anni:	- 161 -
Laura, 40 anni:	- 162 -
Discussione sugli Effetti Psicologici e Sociali	- 162 -
Effetti Psicologici	- 162 -
Autostima	- 162 -
Ansia	- 163 -
Isolamento Sociale	- 163 -
Effetti Sociali	- 164 -
Comunicazione	- 164 -
Relazioni	- 164 -
Società	- 164 -

Gli Influencer: Realtà, Fantasia e Aspettative — - 165 -
   Introduzione — - 165 -
   Chi Sono gli Influencer? — - 165 -
   Riferimenti Sociologici — - 166 -
Teoria della Rappresentazione Simbolica — - 166 -
Teoria dell'Identità Sociale — - 167 -
Aspettative di Chi Affronta il Lavoro di Influencer — - 167 -
Pressione della Perfezione — - 167 -
Autenticità vs. Manipolazione — - 168 -
Instabilità e Incertezza — - 168 -
La Ricerca della Perfezione — - 168 -
Pressioni della Perfezione — - 169 -
   Curatela dei Contenuti — - 169 -
   Aspettative dei Follower — - 169 -
   Autenticità vs. Manipolazione — - 169 -
Il Conflitto dell'Autenticità — **- 170 -**
   Manipolazione dei Contenuti — - 170 -
   Bisogno di Trasparenza — - 170 -
   Instabilità e Incertezza — - 171 -
Sfide dell'Instabilità — **- 171 -**
   Cambiamenti degli Algoritmi — - 171 -
   Tendenze del Momento — - 171 -
   L'Impatto sulla Salute Mentale — - 172 -
Problemi di Salute Mentale — **- 172 -**
   Stress e Ansia — - 172 -
   Depressione e Burnout — - 172 -
   Fantasia vs. Realtà — - 173 -
   Emulazione e Sentirsi Rappresentati — - 173 -
   Il Fenomeno della Musica Emergente: Il Movimento Trap — - 174 -
Diffusione della Musica Trap nei Social Media — **- 174 -**
   Accessibilità e Visibilità — - 174 -
   Influenza sui Giovani — - 174 -
Il Movimento di Protesta e Violenza del Ghetto e la Sua Pericolosa Deriva — **- 175 -**

Pericolosa Deriva della Cultura Trap — **- 175 -**
   Glorificazione della Violenza — - 175 -
   Normalizzazione della Criminalità — - 176 -
Conclusione — **- 176 -**

I Social Media, la Musica Trap e gli Influencer: Una Prospettiva dal Punto di Vista di un Bambino — **- 178 -**
    Introduzione — - 178 -
    La Vita di un Bambino nei Social Media — - 179 -
Aspetti Positivi — **- 179 -**
    Connessione e Socializzazione — - 179 -
    Ispirazione e Creatività — - 179 -
Sfide e Pericoli — **- 180 -**
    Cyberbullismo — - 180 -
    Contenuti Inappropriati — - 180 -
    La Musica Trap e le Sue Influenze — - 180 -
Aspetti Positivi — **- 181 -**
    Espressione Personale — - 181 -
    Senso di Appartenenza — - 181 -
Sfide e Pericoli — **- 181 -**
    Glorificazione della Violenza — - 181 -
    Normalizzazione della Criminalità — - 182 -
    Gli Influencer e il Loro Impatto — - 182 -
Aspetti Positivi — **- 183 -**
    Ispirazione e Motivazione — - 183 -
    Connessione e Identificazione — - 183 -
Sfide e Pericoli — **- 183 -**
    Pressione della Perfezione — - 183 -
    Manipolazione dei Contenuti — - 184 -
    Sfide per gli Educatori — - 184 -
    Educazione e Consapevolezza — - 184 -
    Supporto Emotivo — - 185 -
    Promozione della Criticità — - 185 -
Conclusione — **- 186 -**
Opinione Personale: Il Nocciolo della Questione — **- 186 -**
    La Socializzazione Digitale e i Suoi Rischi — - 187 -
    La Facilità dell'Interazione Digitale — - 188 -
    Il Problema dei Contenuti — - 188 -
    L'Impatto sui Più Piccoli — - 188 -
    L'Impatto sui Più Attempati — - 189 -
    Il Ruolo degli Educatori — - 189 -
    Educazione alla Criticità — - 189 -
    Supporto Emotivo — - 189 -

Promozione della Consapevolezza — - 190 -
Conclusione — **- 190 -**
La Testa Sotto la Sabbia — **- 191 -**
Approfondimenti e Miglioramenti — **- 193 -**
  1. Alfabetizzazione Digitale — - 193 -
  Soluzioni: — - 193 -
  2. Uso Responsabile dei Social Media — - 193 -
  Soluzioni: — - 194 -
  3. Gestione del Tempo e delle Priorità — **- 194 -**
  Soluzioni: — - 194 -
  4. Educazione e Consapevolezza — **- 195 -**
  Soluzioni: — - 195 -
  5. Cambiamento e Adattamento — **- 195 -**
  Soluzioni — - 195 -
Conclusione — **- 196 -**

CAPITOLO 6: INTELLIGENZA ARTIFICIALE E FUTURO DELLA TECNOLOGIA — **- 197 -**
Introduzione all'Intelligenza Artificiale — **- 199 -**
Machine Learning (ML): — **- 199 -**
Deep Learning (DL): — **- 200 -**
Natural Language — **- 201 -**
Computer Vision — **- 202 -**
Robotica: — **- 202 -**
Discussione sulle Opportunità e Sfide — **- 203 -**
  Opportunità — - 203 -
  Sfide — - 204 -
Best Practices per un Uso Sicuro e Consapevole — **- 205 -**
Conclusione — **- 206 -**
Per chi ama la storia e per veri Nerd — **- 206 -**
  Storia dell'Intelligenza Artificiale — - 206 -
  Le Origini dell'IA — - 207 -
  Sviluppi Iniziali e Prime Applicazioni — - 208 -
  Rinascita e Sviluppi Recent — - 208 -
  Applicazioni Contemporanee e Futuro — - 209 -
Conclusione — **- 210 -**
Considerazioni Personali — **- 210 -**

COMPETENZE DIGITALI PER GIOVANI MENTI — 212 —
Introduzione — 213 —
   Navigazione su Internet — 213 —
   Uso di Software Educativi — 214 —
   Comprensione dei Concetti di Base della Programmazione — 215 —
   Benefici delle Competenze Digitali — 215 —
   Esempi Concreti di Applicazioni Educative — 216 —
   Conclusione — 218 —
Risorse Educative — **218** —
   Simulazioni Interattive — 219 —
   Giochi Educativi — 220 —
   Piattaforme di Apprendimento Online — 221 —
   App di Realtà Aumentata (AR) — 222 —
   Risorse Digitali per la Lettura — 222 —
   Strumenti di Creazione di Contenuti — 223 —
Risorse per l'Apprendimento delle Lingue — **224** —
Sviluppo delle Abilità di Problem-Solving — **225** —
   Introduzione — 225 —
   App di Realtà Aumentata (AR) — 226 —
   Simulazioni Interattive — 227 —
   Giochi di Strategia — 228 —
   Esempi Pratici di Applicazioni Educative — 229 —
   Minecraft Education Edition: — 230 —
   PhET Interactive Simulations: — 230 —
   Conclusione — 231 —
Promozione della Creatività — **232** —
   Introduzione — 232 —
   App Creative — 232 —
   Alternative Valide — 233 —
   Ricerca Online — 235 —
Interazione Sociale e Collaborazione — **235** —
   Introduzione — 235 —
   Piattaforme di Apprendimento Online — 236 —
   Alternative Valide — 237 —
   Ricerca Online — 238 —
Accesso a Esperienze Culturali e Globali — **239** —
   Introduzione — 239 —
   Piattaforme di Apprendimento delle Lingue — 239 —

Piattaforme di Esplorazione Culturale	- 240 -
Alternative Valide	- 242 -
Ricerca Online	- 243 -
Supporto per Bambini con Bisogni Speciali	**- 243 -**
Introduzione	- 243 -
App di Comunicazione	- 243 -
Strumenti di Supporto per la Lettura e la Scrittura	- 245 -
Alternative Valide	- 246 -
Ricerca Online	- 247 -
Preparazione per il Futuro	**- 248 -**
Introduzione	- 248 -
Strumenti di Codifica	- 248 -
Alternative Valide	- 249 -
Ricerca Online	- 251 -
Sviluppo dell'Autonomia	**- 251 -**
Introduzione	- 251 -
App per la Gestione del Tempo	- 252 -
Alternative Valide	- 253 -
Ricerca Online	- 254 -
Accesso a Comunità di Supporto	**- 255 -**
Introduzione	- 255 -
Piattaforme di Supporto	- 255 -
Alternative Valide	- 256 -
Ricerca Online	- 257 -
Conclusione	**- 258 -**

CONCLUSIONI: VERSO UNA NAVIGAZIONE CONSAPEVOLE NEL MONDO DIGITALE	**- 259 -**
I nostri bimbi e il futuro	***- 261 -***
Matrix Esiste davvero	- 264 -
I social il nemico ideale	- 265 -
Considerazione su Gioco d'Azzardo e Cyberbullismo	**- 266 -**
Considerazione sulla Realtà vs. Social	**- 269 -**
La Realtà: Un Mondo Complesso e Multidimensionale	- 270 -
I Social Media: Un Mondo Virtuale e Superficiale	- 270 -
Impatti Psicologici e Sociali	- 271 -
Il Fenomeno degli Influencer	- 271 -
La Musica Trap e la Cultura Giovanile	- 272 -

Le Nuove Tendenze Online per la Socializzazione e la Comunicazione tra i Giovani: Un Viaggio nel Futuro Digitale — 273 —

BIBLIOTECA, APPROFONDIMENTI E NUOVE RISORSE — 281 —
Il Mondo Digitale dei Bambini — 282 —
Ludopatia Infantile — 282 —
Cyberbullismo — 283 —
I Social e I Giovani — 284 —
Atre Risorse — 285 —

Capitolo 1: Il Mondo Digitale dei Bambini: Una Premessa Cosa dicono esperti del settore

Introduzione ai Benefici e ai Rischi della Tecnologia

Studio dell'American Academy of Pediatrics (AAP):

L'American Academy of Pediatrics (AAP) ha pubblicato una serie di raccomandazioni che evidenziano come le tecnologie digitali possano offrire opportunità educative significative, a condizione che siano utilizzate con moderazione e in modo appropriato. Secondo l'AAP, i genitori sono incoraggiati a sfruttare le risorse digitali che promuovono l'interazione e l'apprendimento attivo, come giochi educativi e applicazioni interattive.

Principali Raccomandazioni dell'AAP:

Uso Moderato e Supervisionato:

Limiti di Tempo: L'AAP raccomanda di limitare il tempo trascorso davanti agli schermi, specialmente per i bambini più piccoli. Ad esempio, i bambini sotto i 2 anni dovrebbero evitare completamente l'uso dei dispositivi digitali, mentre per i bambini tra i 2 e i 5 anni è consigliabile un massimo di un'ora al giorno di contenuti di alta qualità.

Supervisione Attiva: I genitori dovrebbero monitorare attivamente l'uso dei dispositivi digitali da parte dei loro figli, assicurandosi che i contenuti siano appropriati e che il tempo trascorso davanti agli schermi sia equilibrato con altre attività.

Risorse Digitali di Qualità:

Giochi Educativi: I genitori sono incoraggiati a scegliere giochi educativi che promuovano l'apprendimento attivo e l'interazione. Questi giochi dovrebbero essere progettati per stimolare le abilità cognitive, linguistiche e motorie dei bambini.

Applicazioni Interattive: Le applicazioni che incoraggiano l'interazione e l'apprendimento attivo, come quelle che insegnano matematica, lettura, scienze e altre materie educative, sono altamente raccomandate. Queste applicazioni dovrebbero essere selezionate con cura per garantire che siano di alta qualità e appropriate per l'età del bambino.

Equilibrio tra Tecnologia e Altre Attività:

Attività Fisiche: È importante bilanciare l'uso dei dispositivi digitali con attività fisiche e giochi all'aperto. Questo aiuta a promuovere uno sviluppo sano e armonioso dei bambini.

Interazioni Sociali: Incoraggiare le interazioni sociali faccia a faccia è fondamentale per lo sviluppo emotivo e sociale dei bambini. Le attività che promuovono il gioco collaborativo e la comunicazione con coetanei e adulti sono essenziali.

Educazione alla Tecnologia:

Consapevolezza Digitale: Insegnare ai bambini l'importanza di un uso consapevole e responsabile della tecnologia è cruciale. Questo include la comprensione della privacy online, il rispetto per gli altri e la discrezionalità nei contenuti da consumare.

Abilità Critiche: Sviluppare competenze critiche nei bambini per valutare l'affidabilità delle fonti e dei contenuti online è fondamentale per proteggerli dalle disinformazioni e dai rischi digitali.

Consigli Pratici per i Genitori:

Selezione dei Contenuti: Scegliere contenuti digitali di alta qualità che siano educativi e appropriati per l'età del bambino. Utilizzare recensioni e raccomandazioni di fonti affidabili per fare scelte informate.

Tempo di Qualità: Trascorrere del tempo di qualità con i bambini mentre utilizzano i dispositivi digitali, partecipando attivamente e discutendo dei contenuti visualizzati.

Regole Chiare: Stabilire regole chiare e coerenti sull'uso dei dispositivi digitali, includendo limiti di tempo e modalità di utilizzo.

Alternative Salutari: Promuovere attività alternative come la lettura, il gioco all'aperto, le attività creative e le interazioni sociali per bilanciare l'uso della tecnologia.

Rapporto di "New Media Consortium Horizon Report":

Ogni anno, il rapporto "New Media Consortium Horizon Report" analizza le tendenze emergenti nel campo dell'istruzione, fornendo una panoramica delle innovazioni e delle pratiche che stanno trasformando il modo in cui gli studenti apprendono. Secondo l'edizione del 2020, l'integrazione della tecnologia informatica e della realtà aumentata (AR) nel processo di apprendimento può avere un impatto significativo sull'engagement degli studenti e sulle loro competenze critiche.

Principali Conclusioni del Rapporto:

Integrazione della Tecnologia Informatica:

Accesso alle Risorse Digitali: L'uso di piattaforme digitali e strumenti informatici consente agli studenti di accedere a una vasta gamma di risorse educative, tra cui libri di testo digitali, video tutorial, e simulazioni interattive. Questo accesso ampliato arricchisce l'esperienza di apprendimento e permette agli studenti di esplorare argomenti in modi nuovi e coinvolgenti.

Personalizzazione dell'Apprendimento: Le tecnologie informatiche avanzate permettono di personalizzare l'apprendimento in base alle esigenze individuali degli studenti. Algoritmi di apprendimento adattivo possono identificare le aree in cui gli studenti necessitano di maggiore supporto e fornire risorse mirate per aiutarli a migliorare.

Realtà Aumentata (AR):

Engagement e Motivazione: La realtà aumentata trasforma l'apprendimento in un'esperienza immersiva e interattiva. Gli studenti possono esplorare concetti complessi in modo visivo e coinvolgente, rendendo l'apprendimento più motivante e divertente. Ad esempio, un'applicazione AR può permettere agli studenti di visualizzare modelli tridimensionali di molecole chimiche o di esplorare antichi siti storici in modo virtuale.

Sviluppo delle Competenze Critiche: L'uso della realtà aumentata stimola lo sviluppo di competenze critiche come il problem-solving e la creatività. Gli studenti sono incoraggiati a pensare in modo critico e a trovare soluzioni innovative ai problemi, migliorando le loro capacità di ragionamento e di risoluzione dei problemi.

Esempi Pratici di Integrazione Tecnologica:

Piattaforme di Apprendimento Online:

Esempio: Khan Academy e Coursera offrono corsi online su una vasta gamma di argomenti, permettendo agli studenti di apprendere a proprio ritmo e di accedere a risorse educative di alta qualità.

Beneficio: Queste piattaforme consentono agli studenti di esplorare argomenti di interesse in modo approfondito e di ricevere feedback immediato sulle loro prestazioni.

Applicazioni di Realtà Aumentata:

Esempio: Google Expeditions permette agli studenti di partecipare a viaggi virtuali in tutto il mondo, esplorando luoghi storici e culturali senza lasciare l'aula.

Beneficio: Queste applicazioni rendono l'apprendimento più coinvolgente e memorabile, aiutando gli studenti a comprendere meglio i concetti studiati.

Simulazioni Interattive:

Esempio: PhET Interactive Simulations, sviluppate dall'Università del Colorado Boulder, offrono simulazioni interattive di fenomeni scientifici e matematici, permettendo agli studenti di esplorare concetti complessi in modo pratico.

Beneficio: Le simulazioni interattive aiutano gli studenti a comprendere meglio i concetti teorici attraverso l'esperienza pratica, migliorando la loro capacità di applicare le conoscenze acquisite.

Consigli per Genitori e Educatori:

Selezione delle Risorse: Scegliere risorse digitali di alta qualità che siano educative e appropriate per l'età degli studenti. Utilizzare recensioni e raccomandazioni di fonti affidabili per fare scelte informate.

Formazione Continua: Investire nella formazione continua degli insegnanti per garantire che siano in grado di utilizzare efficacemente le nuove tecnologie e di integrarle nel curriculum.

Coinvolgimento Attivo: Incoraggiare gli studenti a partecipare attivamente alle lezioni e alle attività di apprendimento, utilizzando le tecnologie disponibili per rendere l'esperienza più coinvolgente e interattiva.

Valutazione e Feedback: Utilizzare strumenti di valutazione e feedback per monitorare i progressi degli studenti e fornire supporto mirato per aiutarli a migliorare.

Ricerca dell'Università della California, Irvine:

Uno studio condotto nel 2022 ha dimostrato che i bambini che utilizzano app educative progettate per incentivare l'interazione attiva e il gioco collaborativo mostrano miglioramenti significativi nell'apprendimento delle competenze matematiche e linguistiche, rispetto a quelli che utilizzano app passive. Questa ricerca evidenzia l'importanza di scegliere applicazioni educative che promuovano un coinvolgimento attivo e collaborativo per massimizzare i benefici dell'apprendimento digitale.

Principali Conclusioni dello Studio:

Interazione Attiva:

Coinvolgimento Cognitivo: Le app educative che richiedono un'interazione attiva stimolano il coinvolgimento cognitivo dei bambini. Queste app spesso includono attività che richiedono risposte immediate, risoluzione di problemi e decisioni critiche, promuovendo un apprendimento più profondo e duraturo.

Miglioramento delle Competenze Matematiche: I bambini che utilizzano app interattive mostrano miglioramenti significativi nelle competenze matematiche, come la comprensione dei concetti di base, la risoluzione di problemi e le abilità di calcolo. Queste app spesso includono giochi di matematica che rendono l'apprendimento divertente e coinvolgente.

Gioco Collaborativo:

Sviluppo delle Abilità Sociali: Le app che incoraggiano il gioco collaborativo aiutano i bambini a sviluppare abilità sociali importanti, come la comunicazione, la cooperazione e il lavoro di squadra. Questi giochi spesso richiedono che i bambini lavorino insieme per risolvere problemi o completare attività, promuovendo un ambiente di apprendimento positivo e di supporto.

Miglioramento delle Competenze Linguistiche: I bambini che partecipano a giochi collaborativi mostrano miglioramenti significativi nelle competenze linguistiche, come la lettura, la scrittura e la comprensione del linguaggio. Questi giochi spesso includono attività che richiedono la comunicazione verbale e scritta, aiutando i bambini a sviluppare una migliore padronanza della lingua.

Esempi Pratici di App Educative Interattive:

Giochi di Matematica:

Esempio: Applicazioni come "Khan Academy Kids" e "Todo Math" offrono attività interattive che insegnano concetti matematici di base in modo divertente e coinvolgente. Questi giochi spesso includono puzzle, quiz e sfide che stimolano il pensiero critico e la risoluzione dei problemi.

Beneficio: Questi giochi rendono l'apprendimento della matematica un'esperienza piacevole e coinvolgente, aiutando i bambini a sviluppare una comprensione più profonda dei concetti matematici.

Giochi di Lettura e Scrittura:

Esempio: Applicazioni come "Starfall" e "ABCmouse" incoraggiano i bambini a esplorare la lettura e la scrittura attraverso storie interattive, giochi di parole e attività di comprensione. Queste app spesso includono storie animate e attività che aiutano i bambini a sviluppare le loro abilità linguistiche.

Beneficio: Questi giochi rendono l'apprendimento della lettura e della scrittura un'esperienza coinvolgente e divertente, aiutando i bambini a migliorare le loro competenze linguistiche in modo naturale e progressivo.

Consigli per Genitori e Educatori:

Selezione delle App: Scegliere app educative che promuovano l'interazione attiva e il gioco collaborativo. Utilizzare recensioni e raccomandazioni di fonti affidabili per fare scelte informate.

Coinvolgimento Attivo: Incoraggiare i bambini a partecipare attivamente alle attività delle app educative, monitorando i loro progressi e fornendo supporto e feedback.

Tempo di Qualità: Trascorrere del tempo di qualità con i bambini mentre utilizzano le app educative, partecipando attivamente e discutendo dei contenuti e delle attività.

Equilibrio tra Tecnologia e Altre Attività: Bilanciare l'uso delle app educative con altre attività, come la lettura, il gioco all'aperto e le interazioni sociali, per promuovere uno sviluppo equilibrato e armonioso.

Ricerche sulla Gamification:

Diversi studi dimostrano che la gamification, ovvero l'uso di elementi di gioco in contesti educativi, può aumentare significativamente la motivazione e il coinvolgimento degli studenti. Questa strategia innovativa trasforma l'apprendimento in un'esperienza più coinvolgente e motivante, migliorando non solo le prestazioni accademiche, ma anche l'atteggiamento degli studenti verso la materia.

Principali Conclusioni degli Studi:

Motivazione e Coinvolgimento:

Incentivi e Ricompense: La gamification introduce elementi come punti, premi e livelli che motivano gli studenti a impegnarsi maggiormente nelle attività di apprendimento. Questi incentivi creano un senso di progresso e realizzazione, rendendo l'apprendimento più gratificante.

Feedback Immediato: Le applicazioni gamificate spesso forniscono feedback immediato, permettendo agli studenti di comprendere rapidamente i loro errori e di correggerli. Questo feedback continuo aiuta a mantenere alta la motivazione e il coinvolgimento.

Miglioramento dell'Apprendimento:

Quiz Gamificati: Un articolo del 2021 pubblicato nella rivista "Educational Technology & Society" ha evidenziato che i quiz gamificati possono migliorare significativamente l'apprendimento degli studenti. Questi quiz non solo rendono l'apprendimento più divertente, ma anche più efficace, aiutando gli studenti a memorizzare e comprendere meglio i concetti.

Atteggiamento Positivo: La gamification può migliorare l'atteggiamento degli studenti verso la materia. Gli elementi di gioco rendono l'apprendimento meno monotono e più piacevole, aumentando l'interesse e la partecipazione degli studenti.

Esempi Pratici di Gamification nell'Educazione:

Quiz Interattivi:

Esempio: Applicazioni come Kahoot! e Quizziz trasformano i tradizionali quiz di apprendimento in competizioni interattive. Gli studenti possono competere tra loro in tempo reale, rispondendo a domande e guadagnando punti, rendendo l'apprendimento più coinvolgente e motivante.

Beneficio: Questi quiz interattivi non solo migliorano la memorizzazione dei concetti, ma anche l'interesse degli studenti per la materia, rendendo le lezioni più vivaci e partecipative.

Giochi Educativi:

Esempio: Giochi come "DragonBox" e "Minecraft Education Edition" utilizzano elementi di gioco per insegnare concetti complessi in modo divertente e coinvolgente. "DragonBox" insegna la matematica attraverso puzzle interattivi, mentre "Minecraft Education Edition" permette agli studenti di esplorare e costruire mondi virtuali, applicando concetti di storia, scienze e arte.

Beneficio: Questi giochi educativi rendono l'apprendimento un'esperienza immersiva e coinvolgente, aiutando gli studenti a comprendere meglio i concetti e a sviluppare competenze pratiche.

Consigli per Genitori e Educatori:

Integrazione della Gamification: Incoraggiare l'uso di applicazioni e giochi educativi che incorporano elementi di gamification. Scegliere strumenti che siano di alta qualità e appropriati per l'età e il livello di apprendimento degli studenti.

Feedback Continuo: Fornire feedback immediato e costante agli studenti durante le attività di apprendimento gamificate. Questo aiuta a mantenere alta la motivazione e a migliorare le prestazioni accademiche.

Coinvolgimento Attivo: Incoraggiare la partecipazione attiva degli studenti nelle attività gamificate, creando un ambiente di apprendimento positivo e collaborativo.

Equilibrio tra Tecnologia e Altre Attività: Bilanciare l'uso delle applicazioni gamificate con altre attività educative tradizionali, come la lettura, il gioco all'aperto e le interazioni sociali, per promuovere uno sviluppo equilibrato e armonioso.

Studio della Rivista "Pediatrics":

Una revisione della letteratura pubblicata nel 2019 ha suggerito che un eccesso di tempo trascorso davanti agli schermi è associato a problemi di salute mentale, come ansia e depressione, nei bambini. Questo studio ha esaminato numerosi studi e ricerche per comprendere meglio l'impatto dell'uso prolungato dei dispositivi digitali sulla salute mentale dei bambini e ha fornito raccomandazioni per mitigare questi rischi.

Principali Conclusioni della Revisione della Letteratura:

Associazione con Problemi di Salute Mentale:

Ansia e Depressione: La revisione della letteratura ha evidenziato che i bambini che trascorrono molto tempo davanti agli schermi hanno un rischio significativamente maggiore di sviluppare ansia e depressione. L'uso prolungato dei dispositivi digitali può portare a sentimenti di isolamento sociale, bassa autostima e stress emotivo.

Sonno e Benessere: L'eccessivo utilizzo degli schermi può influire negativamente sulla qualità del sonno, portando a problemi di insonnia e affaticamento. Questo, a sua volta, può avere un impatto negativo sulla salute mentale e sul benessere generale dei bambini.

Mitigazione dei Rischi:

Limiti di Tempo: La revisione della letteratura raccomanda di stabilire limiti di tempo chiari e realistici per l'uso degli schermi. Ad esempio, un limite di due ore al giorno per i bambini di età compresa tra 5 e 12 anni può aiutare a ridurre il rischio di problemi di salute mentale.

Supervisione e Monitoraggio: I genitori dovrebbero supervisionare e monitorare attivamente l'uso degli schermi da parte dei loro figli. Questo include controllare i contenuti visualizzati e assicurarsi che il tempo trascorso davanti agli schermi sia equilibrato con altre attività.

Consigli Pratici per i Genitori:

Stabilire Regole Chiare: Stabilire regole chiare e coerenti sull'uso degli schermi, come il tempo massimo di utilizzo e i contenuti appropriati per l'età. Utilizzare timer e strumenti di monitoraggio per aiutare a rispettare queste regole.

Promuovere Attività Alternative: Incoraggiare i bambini a partecipare a una varietà di attività alternative, come la lettura, il gioco all'aperto, lo sport e le attività creative. Queste attività aiutano a bilanciare l'uso degli schermi e a promuovere uno sviluppo equilibrato e armonioso.

Coinvolgimento Attivo: Partecipare attivamente alle attività dei bambini, sia online che offline, e discutere dei contenuti e delle esperienze. Questo aiuta a creare un ambiente di apprendimento positivo e collaborativo.

Educazione alla Tecnologia: Insegnare ai bambini l'importanza di un uso responsabile e consapevole della tecnologia. Questo include la comprensione dei rischi e delle opportunità legati all'uso degli schermi e l'importanza di equilibrare il tempo trascorso davanti agli schermi con altre attività.

Anno	Età media dei bambini che utilizzano il cellulare (anni)
2018	10
2019	9
2020	8
2021	7
2022	6
2023	5
2024	4

Studio pubblicato sulla rivista "JAMA Pediatrics":

Una ricerca condotta nel 2020 ha trovato che l'eccessivo uso dei dispositivi digitali è correlato a difficoltà di attenzione e problemi comportamentali nei bambini. Questo studio ha esaminato l'impatto dell'uso prolungato dei dispositivi digitali sulla salute mentale e comportamentale dei bambini, evidenziando l'importanza di un equilibrio tra attività digitali e interazioni sociali faccia a faccia.

Principali Conclusioni della Ricerca:

Difficoltà di Attenzione:

Riduzione della Capacità di Concentrazione: L'uso eccessivo dei dispositivi digitali può portare a una riduzione della capacità di concentrazione nei bambini. Gli schermi digitiali spesso presentano stimoli costanti e rapidi che possono abituare i bambini a un ritmo di attenzione frammentato, rendendo difficile mantenere la concentrazione su attività più lunghe e meno stimolanti.

Distrazione Continua: I dispositivi digitali, con le loro notifiche e contenuti variabili, possono creare un ambiente di distrazione continua. Questo può rendere difficile per i bambini concentrarsi su compiti scolastici o altre attività che richiedono un'attenzione sostenuta.

Problemi Comportamentali:

Aumento dell'Irritabilità: L'uso eccessivo dei dispositivi digitali può aumentare l'irritabilità nei bambini. La costante esposizione agli schermi può portare a una maggiore frustrazione e impazienza, specialmente quando i bambini vengono interrotti o devono passare a un'altra attività.

Comportamenti Aggressivi: In alcuni casi, l'uso eccessivo dei dispositivi digitali è stato collegato a un aumento dei comportamenti aggressivi. I bambini possono diventare più inclini a manifestare atteggiamenti oppositivi e a rispondere in modo aggressivo a situazioni di stress o conflitto.

Importanza dell'Equilibrio:

La ricerca ha evidenziato l'importanza di un equilibrio tra attività digitali e interazioni sociali faccia a faccia per mitigare questi rischi. Ecco alcuni consigli pratici per i genitori:

Stabilire Limiti di Tempo:

Timer e Strumenti di Monitoraggio: Utilizzare timer e strumenti di monitoraggio per stabilire e rispettare limiti di tempo chiari per l'uso dei dispositivi digitali. Ad esempio, un massimo di due ore al giorno per i bambini di età compresa tra 5 e 12 anni può aiutare a ridurre il rischio di problemi di attenzione e comportamentali.

Pausa Regolari: Incoraggiare pause regolari dall'uso degli schermi per permettere ai bambini di riposare gli occhi e rilassare la mente. Questo può aiutare a migliorare la concentrazione e ridurre l'irritabilità.

Promuovere Interazioni Sociali:

Attività di Gruppo: Incoraggiare i bambini a partecipare a attività di gruppo, come sport, club e hobby, che promuovono le interazioni sociali faccia a faccia. Queste attività aiutano i bambini a sviluppare abilità sociali importanti e a bilanciare l'uso dei dispositivi digitali.

Giochi Collaborativi: Promuovere giochi collaborativi che richiedono la cooperazione e la comunicazione tra i bambini. Questi giochi possono essere sia digitali che tradizionali, ma dovrebbero incentivare l'interazione faccia a faccia.

Coinvolgimento Attivo:

Partecipazione dei Genitori: Partecipare attivamente alle attività dei bambini, sia online che offline, e discutere dei contenuti e delle esperienze. Questo aiuta a creare un ambiente di apprendimento positivo e collaborativo.

Feedback e Supporto: Fornire feedback e supporto costanti ai bambini durante le loro attività, aiutandoli a sviluppare competenze critiche e a migliorare la loro capacità di concentrazione.

Conclusione:

L'eccessivo uso dei dispositivi digitali può avere un impatto negativo sull'attenzione e sul comportamento dei bambini. Tuttavia, stabilendo limiti di tempo chiari, promuovendo interazioni sociali faccia a faccia e partecipando attivamente alle attività dei bambini, i genitori possono aiutare a mitigare questi rischi e a promuovere uno sviluppo equilibrato e armonioso.

Anno	Tempo medio trascorso davanti al cellulare (ore/giorno)
2018	1.5 ore
2019	1.8 ore
2020	2.2 ore
2021	2.5 ore
2022	2.8 ore
2023	3.0 ore
2024	3.2 ore

Rapporto "Screen Time and Children's Mental Health" dell Human Development Institute:

Secondo il rapporto "Screen Time and Children's Mental Health" dell'Human Development Institute, i bambini che passano più di due ore al giorno davanti a uno schermo hanno un rischio significativamente maggiore di affrontare problemi di comportamento e sfide psicosociali. Questo studio evidenzia come l'uso eccessivo dei dispositivi digitali possa influire negativamente sulla salute mentale dei bambini, portando a una serie di problemi che vanno oltre il semplice tempo trascorso davanti allo schermo.

Principali Conclusioni del Rapporto:

Problemi di Comportamento:

Aumento dell'Irritabilità: I bambini che trascorrono più di due ore al giorno sui dispositivi digitali tendono a essere più irritabili e meno pazienti. Questo può portare a conflitti familiari e difficoltà nel gestire le emozioni.

Difficoltà di Attenzione: L'eccessivo utilizzo degli schermi può causare difficoltà di concentrazione e attenzione, influenzando negativamente le capacità di apprendimento e il rendimento scolastico.

Comportamenti Aggressivi: In alcuni casi, l'uso eccessivo degli schermi è stato collegato a un aumento dei comportamenti aggressivi e a una maggiore propensione a manifestare atteggiamenti oppositivi.

Sfide Psicosociali:

Isolamento Sociale: I bambini che passano molto tempo davanti agli schermi possono sviluppare una tendenza all'isolamento sociale, riducendo il tempo trascorso in attività interpersonali e all'aperto.

Ansia e Depressione: Studi hanno dimostrato che l'eccessivo utilizzo dei dispositivi digitali può aumentare il rischio di sviluppare ansia e depressione, problemi che possono avere un impatto duraturo sulla salute mentale dei bambini.

Autostima: L'eccessiva esposizione ai social media può portare a una percezione distorta della propria immagine e a problemi di autostima, specialmente durante la pubertà.

Consigli per Genitori e Educatori:

Limiti di Tempo: Stabilire limiti chiari e realistici sul tempo trascorso davanti agli schermi. Ad esempio, un massimo di due ore al giorno, suddivise in sessioni più brevi, può essere un buon punto di partenza.

Supervisione Attiva: Monitorare l'uso dei dispositivi digitali e incoraggiare l'uso di applicazioni educative e contenuti appropriati.

Attività Alternative: Promuovere attività alternative, come lo sport, la lettura, il gioco all'aperto e le attività creative, per bilanciare l'uso degli schermi e favorire uno sviluppo equilibrato.

Dialogo Aperto: Mantenere un dialogo aperto con i bambini sull'importanza di un uso equilibrato della tecnologia e su come gestire eventuali problemi di comportamento o sfide psicosociali.

Ricerca sull'Impatto del Cyberbullismo:

Il Cyberbullying Research Center ha dimostrato che l'uso dei social media e delle tecnologie online aumenta significativamente il rischio di cyberbullismo, che può avere effetti negativi duraturi sulla salute mentale e sul benessere dei bambini. Questo studio evidenzia come l'esposizione a queste piattaforme possa rendere i bambini più vulnerabili a comportamenti dannosi e aggressivi online, con conseguenze a lungo termine sulla loro salute emotiva e psicologica.

Principali Conclusioni del Rapporto:

Aumento del Rischio di Cyberbullismo:

Accesso Facilitato: I social media e le tecnologie online offrono un accesso facilitato a una vasta gamma di persone, aumentando la probabilità che i bambini si trovino ad affrontare comportamenti di bullismo online. La natura anonima e la rapida diffusione delle informazioni su queste piattaforme possono rendere il cyberbullismo particolarmente insidioso.

Effetti Duraturi: Il cyberbullismo può avere effetti negativi duraturi sulla salute mentale dei bambini, portando a problemi come ansia, depressione, bassa autostima e isolamento sociale. Questi effetti possono persistere anche molto tempo dopo che il cyberbullismo è cessato, influenzando negativamente il benessere generale dei bambini.

Impatto sulla Salute Mentale:

Ansia e Depressione: I bambini vittime di cyberbullismo sono più inclini a sviluppare ansia e depressione. La costante esposizione a messaggi negativi e molestie online può creare un ambiente di stress continuo, influenzando negativamente la loro salute emotiva.

Bassa Autostima: Il cyberbullismo può portare a una percezione distorta della propria immagine e a una bassa autostima. I bambini possono sentirsi inferiori e inadeguati, influenzando negativamente la loro capacità di interagire con gli altri e di affrontare le sfide quotidiane.

Isolamento Sociale: Le vittime di cyberbullismo possono sviluppare una tendenza all'isolamento sociale, riducendo il tempo trascorso in attività interpersonali e all'aperto. Questo isolamento può esacerbare i problemi di salute mentale e rendere più difficile per i bambini trovare supporto e conforto.

Strategie di Prevenzione e Intervento:

Educazione e Consapevolezza:

Sensibilizzazione: Educare i bambini sui rischi del cyberbullismo e su come riconoscerlo è fondamentale. Discutere apertamente dei pericoli associati all'uso dei social media e delle tecnologie online può aiutare i bambini a essere più consapevoli e a proteggersi meglio.

Programmi Educativi: Implementare programmi educativi nelle scuole che insegnino ai bambini come comportarsi online in modo sicuro e responsabile. Questi programmi possono includere lezioni su come rispondere al cyberbullismo e dove cercare supporto.

Monitoraggio e Supporto:

Supervisione Attiva: I genitori e gli educatori dovrebbero monitorare attivamente l'uso dei social media e delle tecnologie online da parte dei bambini. Utilizzare strumenti di monitoraggio e avere conversazioni regolari con i bambini sulle loro esperienze online può aiutare a identificare e affrontare tempestivamente eventuali problemi di cyberbullismo.

Supporto Emotivo: Fornire supporto emotivo ai bambini vittime di cyberbullismo è cruciale. Questo può includere il coinvolgimento di psicologi, counselor o altri professionisti della salute mentale per aiutare i bambini a gestire lo stress e le emozioni negative associate al cyberbullismo.

Coinvolgimento della Comunità:

Collaborazione tra Genitori e Scuole: Creare una collaborazione tra genitori, scuole e comunità per affrontare il problema del cyberbullismo. Questo può includere la partecipazione a iniziative comuni, come campagne di sensibilizzazione e programmi di supporto.

Norme e Politiche: Stabilire norme e politiche chiare nelle scuole e nelle comunità per prevenire e affrontare il cyberbullismo. Queste norme dovrebbero includere procedure per segnalare e gestire i casi di cyberbullismo in modo efficace e tempestivo.

Conclusione:

L'uso dei social media e delle tecnologie online può aumentare significativamente il rischio di cyberbullismo, con effetti negativi duraturi sulla salute mentale e sul benessere dei bambini. Tuttavia, attraverso l'educazione, il monitoraggio, il supporto emotivo e il coinvolgimento della comunità, è possibile mitigare questi rischi e promuovere un ambiente online più sicuro e positivo per i bambini.

Ludo-Dipendenze in Tenera Età: Un'Analisi e Consigli per Gli Educatori

Le ludo-dipendenze, o dipendenze da videogiochi, sono un problema crescente che può influire negativamente sulla salute mentale e sul benessere dei bambini, anche in tenera età. La facilità con cui i bambini possono accedere a videogiochi online e il loro coinvolgimento in questi giochi possono portare a comportamenti ossessivi e dipendenza, con conseguenze a lungo termine sulla loro salute emotiva e psicologica.

Principali Conclusioni delle Ricerche:

Accesso Facile e Coinvolgimento:

Facilità di Accesso: Con l'avvento di smartphone e tablet, i bambini possono accedere facilmente a videogiochi online. La disponibilità costante di questi dispositivi rende il gioco una attività facilmente accessibile, aumentando il rischio di ludo-dipendenze.

Coinvolgimento e Rinforzo Positivo: I videogiochi spesso utilizzano meccanismi di rinforzo positivo, come premi e livelli, che possono creare un ciclo di dipendenza. Questo coinvolgimento costante può portare a comportamenti ossessivi e dipendenza.

Effetti Negativi sulla Salute Mentale:

Ansia e Depressione: Studi hanno dimostrato che i bambini che sviluppano ludo-dipendenze possono sperimentare ansia e depressione. La costante esposizione ai videogiochi può creare un ambiente di stress e isolamento sociale, influenzando negativamente la loro salute emotiva.

Difficoltà di Attenzione: L'uso eccessivo dei videogiochi può ridurre la capacità di concentrazione dei bambini, influenzando negativamente le loro prestazioni scolastiche e la capacità di completare compiti che richiedono attenzione sostenuta.

Esempi Pratici di Intervento:

Educazione e Consapevolezza:

Sensibilizzazione: Educare i bambini sui rischi delle ludo-dipendenze e su come riconoscerli è fondamentale. Discutere apertamente dei pericoli associati all'uso eccessivo dei videogiochi può aiutare i bambini a essere più consapevoli e a proteggersi meglio.

Programmi Educativi: Implementare programmi educativi nelle scuole che insegnino ai bambini come utilizzare i videogiochi in modo sicuro e responsabile. Questi programmi possono includere lezioni su come gestire il tempo trascorso a giocare e come riconoscere i segni di dipendenza.

Monitoraggio e Supporto:

Supervisione Attiva: I genitori e gli educatori dovrebbero monitorare attivamente l'uso dei videogiochi da parte dei bambini. Utilizzare strumenti di monitoraggio e avere conversazioni regolari con i bambini sulle loro esperienze di gioco può aiutare a identificare e affrontare tempestivamente eventuali problemi di ludo-dipendenza.

Supporto Emotivo: Fornire supporto emotivo ai bambini che mostrano segni di dipendenza da videogiochi è cruciale. Questo può includere il coinvolgimento di psicologi, counselor o altri professionisti della salute mentale per aiutare i bambini a gestire lo stress e le emozioni negative associate alla ludo-dipendenza.

Coinvolgimento della Comunità:

Collaborazione tra Genitori e Scuole: Creare una collaborazione tra genitori, scuole e comunità per affrontare il problema delle ludo-dipendenze. Questo può includere la partecipazione a iniziative comuni, come campagne di sensibilizzazione e programmi di supporto.

Norme e Politiche: Stabilire norme e politiche chiare nelle scuole e nelle comunità per prevenire e affrontare le ludo-dipendenze. Queste norme dovrebbero includere procedure per segnalare e gestire i casi di dipendenza da videogiochi in modo efficace e tempestivo.

Conclusione:

Le ludo-dipendenze in tenera età rappresentano un problema crescente che può influire negativamente sulla salute mentale e sul benessere dei bambini. Tuttavia, attraverso l'educazione, il monitoraggio, il supporto emotivo e il coinvolgimento della comunità, è possibile mitigare questi rischi e promuovere un ambiente di gioco più sicuro e positivo per i bambini.

Considerazioni Generali

È cruciale comprendere che i benefici e i rischi associati all'uso della tecnologia dipendono fortemente dal modo in cui questa viene utilizzata. La supervisione, l'educazione e un approccio bilanciato sono fondamentali per garantire che i bambini possano trarre vantaggio dalla tecnologia senza incorrere nei potenziali svantaggi. Considerando queste informazioni e studi, i genitori e gli educatori possono prendere decisioni più informate sull'introduzione e sull'uso della tecnologia nell'educazione dei bambini.

Aumento dell'uso dei social media come fonte di informazione

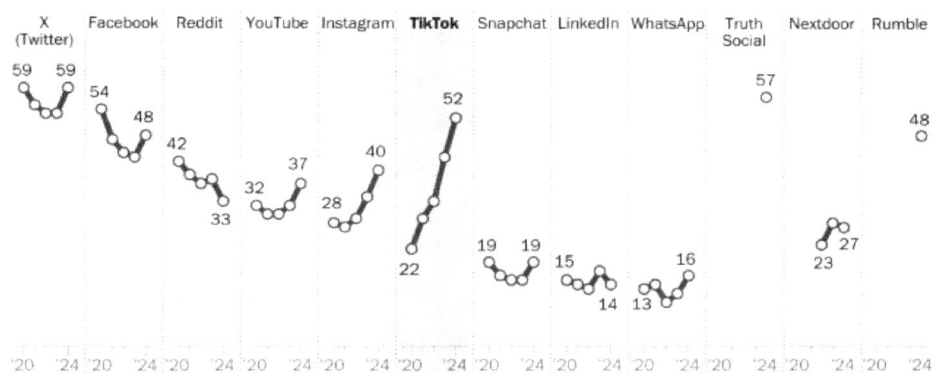

Accessibilità: Le piattaforme social come Facebook, Twitter, Instagram e TikTok offrono contenuti facilmente accessibili e condivisibili. Questo ha reso le informazioni a portata di mano per un numero crescente di utenti.

Varietà di contenuti: Le piattaforme consentono la condivisione di articoli, video, immagini e post, quindi gli utenti possono fruire di informazioni in formati diversi, stimolando l'interesse.

Ricerca delle informazioni

Cultura: Gli utenti spesso utilizzano i social media per seguire artisti, eventi culturali, tendenze e per scoprire nuove forme d'arte. Le piattaforme consentono anche l'interazione diretta con i creatori di contenuti.

Cronaca: Le notizie vengono diffuse rapidamente su queste piattaforme. Gli utenti possono ricevere aggiornamenti in tempo reale, con molte persone che fanno affidamento sui social media per le ultime notizie.

Politica: I social media sono diventati uno strumento fondamentale per la comunicazione politica. Politici, candidati e organizzazioni utilizzano queste piattaforme per comunicare direttamente con il pubblico, condividere le loro posizioni e mobilitare sostenitori. Tuttavia, ciò ha sollevato anche preoccupazioni relative alla diffusione di disinformazione.

Sport: Gli appassionati di sport utilizzano i social media per seguire le notizie sulle loro squadre del cuore, partecipare a discussioni e interagire con altri fan. Le piattaforme sono anche utilizzate per trasmettere eventi dal vivo e per discutere analisi e commenti sportivi.

Tendenze emergenti

Fuga dalle fonti tradizionali: Un numero crescente di persone, in particolare i giovani, sta riducendo il tempo dedicato a fonti di informazione tradizionali come telegiornali e quotidiani, preferendo i social media per aggiornamenti e news.

Amplificazione di voci diverse: I social media hanno dato spazio a una gamma più ampia di voci e racconti, inclusi coloro che possono essere stati tradizionalmente emarginati dai media mainstream.

Rischi e sfide

Disinformazione: La facilità con cui le informazioni possono essere condivise sui social media ha portato a un aumento della disinformazione e delle fake news, costringendo gli utenti a sviluppare competenze critiche per valutare l'affidabilità delle fonti.

Echo chambers: I social media tendono a creare "camera d'eco" dove gli utenti sono esposti principalmente a informazioni che confermano le loro opinioni preesistenti, il che può limitare la portata del dibattito pubblico e favorire la divisione sociale.

Conclusioni

I social media sono diventati un punto di riferimento fondamentale per la ricerca di informazioni su una varietà di temi, grazie alla loro accessibilità e varietà di contenuti. Tuttavia, con questo nuovo modo di consumare l'informazione emergono anche sfide, come la disinformazione e il bisogno di un pensiero critico. È essenziale che utenti e consumatori di contenuti sviluppino le competenze necessarie per navigare efficacemente in questo panorama mediatico in continua evoluzione.

Le testimonianze e gli studi sull'utilizzo della tecnologia da parte dei bambini rivelano sia vantaggi che rischi associati all'esposizione precoce e frequente a dispositivi digitali come smartphone e tablet. Da un lato, la tecnologia può essere uno strumento educativo e di svago, e in molti casi, i genitori utilizzano dispositivi digitali per intrattenere o calmare i propri figli, a volte come "babysitter digitali"

In-Mind.org

. Tuttavia, l'uso eccessivo può avere conseguenze sullo sviluppo cognitivo e sociale dei bambini: studi riportano problemi di linguaggio, riduzione della capacità di attenzione e difficoltà nell'apprendimento a lungo termine, in particolare se l'interazione con lo schermo sostituisce quella reale con persone e oggetti

Save the Children Italia

. In Italia il 78,3% di bambini tra gli 11 e i 13 anni utilizza internet tutti i giorni e lo fa soprattutto attraverso lo smartphone. Si abbassa sempre di più l'età in cui si possiede o utilizza uno smartphone, con un aumento significativo di bambini tra i 6 e i 10 anni che utilizzano il cellulare tutti i giorni dopo la pandemia: dal 18,4% al 30,2% tra il biennio 2018/19 e il 2021/22.

Nonostante questo utilizzo diffuso, nella mappa europea sulle competenze digitali dei 16/19enni, l'Italia si posiziona quart'ultima: la quota di giovanissimi con scarse o nessuna competenza è del 42%, contro una media europea del 31%. Se guardiamo ai giovanissimi che hanno acquisito elevate competenze digitali, gli italiani sono poco più di 1 su 4 (il 27%), a fronte del 50% dei coetanei francesi e del 47% degli spagnoli.

Il dato medio italiano nasconde ampi divari territoriali, con il Sud che ha oltre la metà dei ragazzi con scarse o nessuna competenza (52%) e il Nord e il Centro più vicini ai valori medi europei (34% e 39%).

Igea Magazine

. L'abitudine dei più piccoli di ricevere stimoli continui e immediati dai dispositivi potrebbe ridurre la loro capacità di attendere, rendendoli meno pazienti e inclini all'irrequietezza in assenza di stimoli digitali. Ci sono poi rischi per la salute degli occhi, in quanto l'uso prolungato di schermi porta a un minore ammiccamento e conseguente affaticamento visivo.

Auxologico

. Gli esperti suggeriscono l'importanza di un utilizzo moderato e supervisionato dei dispositivi, con tempi e modalità ben definiti, per garantire che la tecnologia sia integrata nel loro sviluppo in modo sano e bilanciato.

Capitolo 2: Introduzione all'uso della tecnologia in giovane età

Strategie e Attività per un Uso Consapevole

In un'era in cui la tecnologia è onnipresente, è cruciale riflettere su come essa influenzi la vita dei bambini fin dalla tenera età. Il Capitolo 2 di questo libro, "Introduzione all'uso della tecnologia in giovane età: Strategie e Attività per un Uso Consapevole", si propone di fornire una guida completa per i genitori e gli educatori che desiderano integrare la tecnologia in modo equilibrato e benefico nella vita dei più piccoli.

Il mondo digitale offre un'ampia gamma di opportunità per l'apprendimento e lo sviluppo dei bambini. Tuttavia, è fondamentale affrontare questo tema con consapevolezza e responsabilità. La tecnologia, se utilizzata in modo appropriato, può stimolare la creatività, promuovere l'apprendimento e incoraggiare l'interazione sociale. Tuttavia, un uso non regolato e non supervisionato può comportare rischi significativi, sia per la salute mentale e fisica dei bambini che per la loro sicurezza online.

In questo capitolo, esploreremo strategie pratiche per integrare attività all'aria aperta con l'uso della tecnologia, creando esperienze bilanciate e coinvolgenti per i bambini. Dalla caccia al tesoro geolocalizzata alla fotografia naturalistica, dalle app per l'osservazione della natura all'esplorazione astronomica, i genitori troveranno idee innovative per coinvolgere i bambini in attività che combinano l'uso della tecnologia con il piacere di scoprire il mondo reale. Questi esempi non solo stimolano la creatività e l'interesse, ma promuovono anche l'apprendimento scientifico e la consapevolezza ambientale.

Inoltre, discuteremo il ruolo della gamification nel supporto dello sviluppo cognitivo dei bambini. La gamification, grazie alla sua capacità di rendere l'apprendimento più divertente e stimolante, può promuovere il pensiero critico, la risoluzione dei problemi e le abilità decisionali. Attraverso l'uso di elementi di gioco come premi e sfide, la gamification può aumentare la motivazione intrinseca dei bambini, rendendo l'apprendimento un'esperienza più coinvolgente e personalizzata.

Non possiamo ignorare l'importanza degli strumenti di parental control nella gestione dell'uso della tecnologia da parte dei bambini. In questo capitolo, esamineremo vari strumenti e risorse, come Google Family Link, Net Nanny e Qustodio, che possono aiutare i genitori a monitorare e gestire l'accesso ai contenuti online, impostare limiti di tempo e proteggere i bambini dai rischi digitali.

Infine, forniremo guide e risorse educative per aiutare i genitori a navigare nel mondo digitale con i loro figli. Organizzazioni come Common Sense Media, Family Online Safety Institute (FOSI) e Internet Matters offrono risorse preziose per discutere della tecnologia con i bambini e affrontare le problematiche emergenti. Attraverso sessioni di discussione familiari e simulazioni di esperienze digitali, i genitori possono promuovere il pensiero critico e la consapevolezza online nei loro figli.

La gestione dei video su YouTube rappresenta un'altra sfida significativa per i genitori. Creare un ambiente di dialogo aperto, incoraggiare domande e condividere esperienze online sono passaggi fondamentali per garantire che i bambini sviluppino un approccio critico e consapevole alla visione dei contenuti. Guardare video insieme, discutere contenuti e idee e analizzare i messaggi trasmessi sono pratiche che possono aiutare i bambini a distinguere tra fatti e opinioni e a sviluppare un occhio critico per valutare i contenuti.

In conclusione, il Capitolo 2 offre una panoramica completa e pratica su come integrare la tecnologia nella vita dei bambini in modo consapevole e benefico. Attraverso strategie innovative e risorse educative, i genitori possono non solo proteggere i loro figli online, ma anche aiutarli a sviluppare una maggiore consapevolezza e competenza nell'uso delle tecnologie. Questo approccio equilibrato e informato è essenziale per garantire che i bambini possano trarre il massimo beneficio dalla tecnologia, preparandoli meglio per un futuro digitale consapevole e sicuro.

Ecco alcuni esempi di come i genitori possono integrare attività all'aria aperta con l'uso della tecnologia per creare un'esperienza bilanciata e coinvolgente per i bambini:

Caccia al Tesoro Geolocalizzata: Utilizza app di geocaching per organizzare una caccia al tesoro all'aperto. I bambini possono utilizzare lo smartphone per trovare coordinate GPS e seguire indizi per scoprire "tesori" nascosti nei parchi locali o nei sentieri naturalistici.

Fotografia Naturalistica: Incoraggia i bambini a esplorare la loro creatività e osservazione scattando foto della natura con un tablet o uno smartphone. Puoi organizzare una gara di fotografia per chi cattura l'immagine più interessante o bella.

App per l'Osservazione della Natura: Utilizza app come "Seek" di iNaturalist, che permettono ai bambini di identificare piante, insetti e uccelli durante le passeggiate nei parchi. Questo può promuovere l'apprendimento scientifico e la consapevolezza ambientale.

Esplorazione Astronomica: In una serata limpida, utilizza app per l'osservazione delle stelle come "Star Walk" per localizzare costellazioni, pianeti e satelliti. Questo può trasformare una notte all'aperto in una lezione interattiva di astronomia.

Monitoraggio delle Attività Fisiche: Connetti attività all'aria aperta a dispositivi che monitorano il movimento, come smartwatch per bambini che registrano quanti passi fanno durante una camminata o una corsa, incentivando l'attività fisica quotidiana.

Diari Multimediali di Viaggio: Durante gite o escursioni, i bambini possono utilizzare tablet per creare diari di viaggio multimediali, documentando esperienze con foto, video e appunti. Questo incoraggia la riflessione e la narrazione.

Giochi di Realtà Aumentata (AR): Usa app di realtà aumentata che funzionano con l'ambiente reale, come Pokémon GO, per esplorare il quartiere o i parchi vicini. Questi giochi possono incentivare il movimento e l'interazione con l'ambiente circostante.

Integrando queste attività tecnologiche con esperienze all'aperto, i genitori possono offrire un equilibrio che arricchisce il tempo trascorso dai bambini sia online che offline.

Gamification

La gamification, o l'applicazione di elementi di gioco in contesti non ludici, è una tecnica che sta rivoluzionando il modo in cui i bambini apprendono e interagiscono con la tecnologia. Questa pratica non solo rende l'apprendimento più divertente e stimolante, ma ha anche dimostrato di avere effetti significativi sullo sviluppo cognitivo dei bambini. Stimolando diverse aree del cervello, la gamification può migliorare la memoria di lavoro, le capacità di ragionamento e le abilità decisionali. Ecco alcuni aspetti rilevanti supportati da ricerche e studi:

Miglioramento delle Abilità Cognitive:

Pensiero Critico: La gamification promuove il pensiero critico incoraggiando i bambini a risolvere problemi complessi e a prendere decisioni informate. Giochi di strategia e puzzle, ad esempio, richiedono ai bambini di pianificare, eseguire e rivedere le loro azioni, migliorando così la loro capacità di analisi e sintesi.

Risoluzione dei Problemi: Attraverso sfide e livelli progressivi, i bambini imparano a scomporre problemi complessi in parti più semplici e a trovare soluzioni creative. Questo processo non solo sviluppa le abilità di problem-solving, ma rafforza anche la perseveranza e la resilienza.

Memoria di Lavoro: Studi hanno dimostrato che i giochi di logica e puzzle possono migliorare la memoria di lavoro, ovvero la capacità di mantenere e manipolare informazioni nel cervello per un breve periodo. Questo tipo di memoria è cruciale per compiti cognitivi complessi come la lettura, la scrittura e il calcolo matematico.

Apprendimento Motivato e Coinvolgente:

Motivazione Intrinseca: Utilizzando elementi di gioco come premi e sfide, la gamification rende l'apprendimento più divertente e stimolante. Secondo un articolo pubblicato nel "British Journal of Educational Technology," la gamification può aumentare la motivazione intrinseca dei bambini, rendendo l'apprendimento una scoperta piuttosto che un compito obbligatorio.

Partecipazione Attiva: La gamification incoraggia una partecipazione attiva nei contesti educativi, trasformando gli studenti in protagonisti del proprio apprendimento. Questo approccio può ridurre la passività e aumentare l'impegno, rendendo l'esperienza educativa più significativa e memorabile.

Sviluppo delle Competenze Sociali:

Collaborazione: Giochi multiplayer richiedono collaborazione e comunicazione, promuovendo così lo sviluppo delle competenze sociali. Attraverso questi giochi, i bambini imparano a lavorare in team, a negoziare, a risolvere conflitti e a comprendere diversi punti di vista.

Competenze Relazionali: La gamification può migliorare le abilità sociali dei bambini, come la comunicazione efficace, la leadership e l'empatia. Secondo la teoria dello sviluppo sociale di Vygotsky, le interazioni sociali sono fondamentali per lo sviluppo cognitivo, poiché forniscono un contesto ricco di stimoli per l'apprendimento.

Creatività e Immaginazione:

Stimolazione dell'Immaginazione: Le app creative, come strumenti di disegno o narrazione, stimolano l'immaginazione e permettono l'espressione di idee originali. Questo tipo di attività non solo sviluppa la creatività, ma migliora anche le abilità artistiche e la capacità di pensare in modo innovativo.

Narrazione Interattiva: La gamification può includere elementi di narrazione interattiva, dove i bambini creano le proprie storie e personaggi. Questo processo stimola la creatività e l'espressione personale, permettendo ai bambini di esplorare e sviluppare la propria identità.

Apprendimento Differenziato e Personalizzato:

Adattamento: La gamification permette di adattare i contenuti educativi al ritmo e allo stile di apprendimento di ciascun bambino. Attraverso piattaforme gamificate, i bambini possono procedere a velocità diverse, ricevendo feedback immediato e personalizzato.

Efficacia: Studi hanno evidenziato che l'apprendimento personalizzato attraverso la gamification può migliorare significativamente i risultati accademici. Ad esempio, Karl Kapp (2012) ha dimostrato che gli studenti che utilizzano piattaforme gamificate per l'apprendimento ottengono migliori risultati rispetto a quelli che seguono metodi tradizionali.

Sviluppo delle Abilità Motorie e Sensoriali:

Coordinazione: Giochi e app che richiedono l'uso di gesti o movimenti, come la realtà aumentata o virtuale, possono migliorare la coordinazione mano-occhio e le abilità motorie fini e grossolane. Questo tipo di interazione fisica con la tecnologia non solo rende l'esperienza più coinvolgente, ma contribuisce anche allo sviluppo motorio complessivo dei bambini.

Percezione Spaziale: La gamification può includere attività che stimolano la percezione spaziale, come la navigazione in ambienti virtuali o la risoluzione di puzzle 3D. Questo tipo di attività può migliorare la capacità di visualizzare e manipolare oggetti nello spazio, una competenza fondamentale per molte discipline scientifiche e tecnologiche.

In conclusione, la gamification e l'interazione creativa rappresentano strumenti potenti per lo sviluppo cognitivo dei bambini. Attraverso un approccio ludico e coinvolgente, questi metodi possono stimolare diverse aree del cervello, migliorare la motivazione e la partecipazione attiva, sviluppare le competenze sociali e promuovere la creatività e l'immaginazione. Integrando la gamification nei contesti educativi, i genitori e gli educatori possono supportare lo sviluppo olistico delle competenze cognitive nei bambini, preparandoli meglio per un futuro di apprendimento e successo.

Strumenti di Parental Control

Google Family Link: Questo strumento consente ai genitori di creare un profilo Google per i propri figli e monitorare le app che utilizzano, impostare limiti di tempo e gestire l'accesso ai contenuti.

Net Nanny: Un software di monitoraggio che permette ai genitori di filtrare i contenuti inappropriati, monitorare il tempo di utilizzo e ricevere avvisi su comportamenti sospetti online.

Qustodio: Un'app che offre il monitoraggio delle attività online, il filtraggio dei contenuti e la possibilità di impostare limiti di tempo per l'uso delle app. Inoltre, fornisce un report delle attività dei figli.

Norton Family: Questo software consente di monitorare e controllare quale contenuto i bambini possono visualizzare online. Include anche la funzione di monitoraggio del tempo di utilizzo dei dispositivi.

Kaspersky Safe Kids: Un'app che fornisce strumenti per monitorare le attività online, gestire il tempo di utilizzo e proteggere i bambini da contenuti inappropriati.

Guide e Risorse Educative

Common Sense Media: Un'organizzazione non profit che offre recensioni di contenuti e risorse utili per genitori e educatori, tra cui guide su come parlare di sicurezza online con i bambini e raccomandazioni per app e giochi sicuri.

Family Online Safety Institute (FOSI): Un'organizzazione che fornisce risorse su come i genitori possono garantire un ambiente online sicuro per i bambini, con guide pratiche su vari temi, dalla privacy all'uso sano dei social media.

Internet Matters: Un sito che offre risorse pratiche e consigli per genitori sulle questioni relative alla sicurezza online, inclusi materiali per discutere della tecnologia con i figli e affrontare le problematiche emergenti.

TeachThought: Propone articoli e risorse per educatori e genitori su come insegnare le competenze digitali e la sicurezza online ai ragazzi, stimolando il dialogo e la riflessione.

CyberWise: Fornisce training, coordinamento con le scuole e risorse per insegnare ai bambini la competenza digitale e la sicurezza online, con un occhio attento anche alla privacy e all'uso responsabile della tecnologia.

Attività e Discussioni con i Bambini

Sessioni di Discussione Familiari: Organizzare incontri regolari per discutere delle esperienze online dei bambini, esplorando insieme cosa sia appropriato e quali rischi ci siano.

Simulazioni di Esperienze Digitali: Creare scenari ipotetici di situazioni online e chiedere ai bambini come reagirebbero, promuovendo il pensiero critico.

Integrando questi strumenti e risorse, i genitori possono non solo proteggere i loro figli online, ma anche aiutarli a sviluppare una maggiore consapevolezza e competenza nell'uso delle tecnologie.

Gestione dei Video su YouTube

Creare un Ambiente di Dialogo Aperto

Incoraggiare Domande: Stimola i bambini a porre domande sui contenuti che visualizzano online. Fai sapere loro che è sempre possibile discutere di ciò che vedono e ascoltano.

Condivisione di Esperienze: Condividi con i figli le tue esperienze online e chiedi loro di fare lo stesso, creando un dialogo bidirezionale.

Visione Condivisa

Guarda Insieme: Dedica del tempo a guardare video o navigare online insieme ai tuoi figli. Questo ti permette di vedere cosa stanno consumando e offre l'opportunità di fermarsi per discutere contenuti e idee.

Commentare Durante la Visione Fai domande direttamente durante la visione, come "Cosa pensi di questo?" o "Perché credi che il creatore di questo video abbia scelto di dire così?".

Riflessione Critica

Analizzare i Contenuti: Invita i bambini a riflettere su immagini e messaggi. Puoi chiedere: "Chi ha creato questo contenuto e quale messaggio sta cercando di trasmettere?" o "Ci sono punti di vista diversi che non sono stati considerati?".

Discussione sui Fatti vs. Opinioni: Insegna ai bambini a distinguere tra fatti e opinioni, aiutandoli a capire che non tutto ciò che vedono o leggono è necessariamente vero o oggettivo.

Utilizzare Risorse Esterne

Recensioni e Contenuti Affidabili: Insegna ai figli a cercare recensioni di video o articoli informativi su piattaforme affidabili, come Common Sense Media. Questo aiuta a sviluppare un occhio critico per valutare i contenuti.

Fonti Confrontabili: Mostra come cercare diverse fonti per un argomento specifico e confrontare le informazioni. Invitali a chiedersi quale fonte possa essere più credibile e perché.

Stabilire delle Regole

Limitazioni sui Contenuti: Discuti e stabilisci regole su quali tipi di contenuti sono appropriati. Usa un approccio di "aggiustamento" in cui puoi rivedere le regole e le restrizioni in base alla maturità e al comportamento online dei tuoi figli.

Tempi di Visione e Equilibrio: Imposta limiti di tempo per l'uso dei dispositivi e incoraggia attività alternative, come lettura e gioco all'aperto, per bilanciare l'esperienza.

Quiz Fine capitolo
Piccolo Chiarimento sui Quiz

Alla fine di qualche capitolo troverete dei quiz. Questi quiz non sono pensati per valutare quanto siete intelligenti o esperti nell'uso delle nuove tecnologie. Il loro scopo è esclusivamente quello di generare domande e dubbi, come ho già accennato all'inizio. L'obiettivo è stimolare riflessioni, poiché voi siete gli educatori dei vostri figli e nessuno può darvi una risposta definitiva. Per problemi più seri come le ludopatie, è fondamentale rivolgersi a professionisti. Per il resto, basta conoscere l'argomento e fare affidamento sul buon senso che ogni genitore possiede.

Integrazione della Tecnologia e Attività All'aria Aperta

Quali attività all'aria aperta puoi integrare con l'uso della tecnologia per creare un'esperienza bilanciata per i tuoi figli?

Come puoi utilizzare app di geocaching per organizzare una caccia al tesoro all'aperto?

In che modo la fotografia naturalistica può stimolare la creatività e l'osservazione nei bambini?

Quali app puoi utilizzare per identificare piante, insetti e uccelli durante le passeggiate nei parchi?

Come puoi trasformare una notte all'aperto in una lezione interattiva di astronomia utilizzando app per l'osservazione delle stelle?

Gamification e Apprendimento

Quali sono i principali benefici della gamification sullo sviluppo cognitivo dei bambini?

In che modo la gamification può migliorare le abilità cognitive come il pensiero critico e la risoluzione dei problemi?

Come può la gamification rendere l'apprendimento più divertente e stimolante per i bambini?

Quali tipi di giochi possono migliorare le abilità sociali e il lavoro di squadra nei bambini?

In che modo le app creative possono stimolare l'immaginazione e l'espressione di idee originali nei bambini?

Strumenti di Parental Control

Quali strumenti di parental control puoi utilizzare per monitorare e gestire l'uso della tecnologia da parte dei tuoi figli?

Come può Google Family Link aiutarti a creare un profilo Google per i tuoi figli e monitorare le app che utilizzano?

Quali funzioni offre Net Nanny per filtrare i contenuti inappropriati e monitorare il tempo di utilizzo?

In che modo Qustodio può aiutarti a monitorare le attività online dei tuoi figli e impostare limiti di tempo per l'uso delle app?

Quali sono le principali funzioni di Norton Family per monitorare e controllare i contenuti visualizzati online dai tuoi figli?

Guide e Risorse Educative

Quali organizzazioni offrono recensioni di contenuti e risorse utili per genitori e educatori?

Come può Common Sense Media aiutarti a parlare di sicurezza online con i tuoi figli?

Quali risorse fornisce il Family Online Safety Institute (FOSI) per garantire un ambiente online sicuro per i bambini?

In che modo Internet Matters può aiutarti a discutere della tecnologia con i tuoi figli e affrontare le problematiche emergenti?

Quali risorse offre TeachThought per insegnare le competenze digitali e la sicurezza online ai ragazzi?

Attività e Discussioni con i Bambini

Come puoi organizzare sessioni di discussione familiari per esplorare le esperienze online dei tuoi figli?

In che modo le simulazioni di esperienze digitali possono promuovere il pensiero critico nei bambini?

Quali domande puoi porre ai tuoi figli durante la visione di video per stimolare la riflessione critica?

Come puoi insegnare ai tuoi figli a distinguere tra fatti e opinioni nei contenuti online?

Quali risorse esterne puoi utilizzare per aiutare i tuoi figli a valutare i contenuti online in modo critico?

Gestione dei Video su YouTube

Come puoi creare un ambiente di dialogo aperto con i tuoi figli riguardo ai contenuti che visualizzano online?

In che modo la visione condivisa di video può aiutarti a monitorare e discutere i contenuti consumati dai tuoi figli?

Quali domande puoi porre ai tuoi figli per analizzare i contenuti video e riflettere sui messaggi trasmessi?

Come puoi utilizzare recensioni e contenuti affidabili per aiutare i tuoi figli a valutare i video online?

Quali regole puoi stabilire per limitare i contenuti e il tempo di visione dei video su YouTube?

Riflessione Finale

L'argomento è sotto gli occhi di tutti piuttosto complesso: stiamo parlando dell'evoluzione e di come i nostri figli affronteranno il futuro, interfacciandosi nella vita sociale, ludica e lavorativa. È evidente che la nostra società sta cambiando rapidamente, e credo che stia pian piano creando individui sempre più soli, incapaci di socializzare perché non hanno avuto un approccio adeguato a questa evoluzione. Siamo tanto più soli quanto più incapaci di interagire con gli altri. Basta guardare il diffondersi di fenomeni come i femminicidi e le violenze tra minori per rendersene conto. Tuttavia, questo è un argomento molto delicato e non è il contesto giusto per affrontarlo.

Come genitore, mi sento in dovere di preparare mia figlia nel miglior modo possibile a vivere in questo mondo, cercando di immaginare come sarà il futuro. Tuttavia, già vedo che sarà molto diverso da quanto riesco a immaginare oggi. Le intelligenze artificiali hanno accelerato il progresso in modo esponenziale: ciò che dieci anni fa era solo teoria, oggi è già superato, e domani faremo cento volte meglio e di più.

Capitolo 3: Social Media e Targeting: Come Funzionano

Comprensione del Targeting Pubblicitario sui Social

I social media sono diventati una parte integrante della nostra vita quotidiana. Non solo ci permettono di connetterci con amici e familiari, ma sono anche uno strumento potente per le aziende che cercano di raggiungere il loro pubblico. Una tecnica chiave utilizzata dalle aziende sui social media è il targeting pubblicitario. Questo capitolo esplora cosa è il targeting pubblicitario, perché è importante comprendere il suo funzionamento, e come può influire sui bambini che utilizzano i social media. Ma non pensiate, che il targeting pubblicitario sia solo ad uso esclusivo per marketing. Non è per niente così, in mani esperte è uno strumento potentissimo per coinvolgere e convincere in una unica soluzione massa di persone distanti fra loro, creando quello che si chiama in gergo "pubblico". Pensate solo alle elezioni Americane di Trump la prima volta. Fu talmente pesante l'apporto dei social sul voto che fu indagato il Ceo di Facebook, e l'imputazione fu quella di usare i social in modo coercitivo. Il marketing è uno strumento potentissimo, essere in target significa lavorare sulle tue preferenze, facendoti vedere i tuoi oggetti del desiderio e facendoti credere che il mondo gira esattamente come hai immaginato. Nel caso della politica, un esempio anche attuale, ti faccio credere che tu hai pensato per primo alla soluzione che ti sto dando, e che te la darò davvero. Riponendo esattamente ai tuoi desideri e alle tue aspettative, anche se poi, sarà tutt'altra cosa.

Cos'è il Targeting Pubblicitario?

Il targeting pubblicitario è una tecnica che permette alle aziende di mostrare i loro annunci solo a persone che sono più probabilmente interessate ai loro prodotti o servizi. Invece di diffondere un messaggio generico a un ampio pubblico, le aziende possono scegliere di mostrare i loro annunci a determinati gruppi di persone, basandosi su criteri come età, sesso, interessi, comportamenti online e altro.

Ad esempio, un negozio di abbigliamento per bambini può scegliere di mostrare i suoi annunci solo a genitori di bambini piccoli. Questo non solo ottimizza le campagne pubblicitarie delle aziende, ma rende anche l'esperienza online più pertinente per i consumatori.

Perché È Importante Comprendere il Targeting?

Comprendere il targeting pubblicitario è fondamentale per le aziende e per i consumatori. Le aziende possono ottimizzare le loro campagne, risparmiando denaro e raggiungendo un pubblico più interessato. Per i consumatori, significa vedere annunci più pertinenti e meno spam. Inoltre, aiuta i genitori a educare i loro figli sull'importanza della privacy online.

Il targeting pubblicitario non solo rende la pubblicità più efficace, ma migliora anche l'esperienza utente. Gli annunci mirati sono meno invasivi e più rilevanti, il che significa che i consumatori sono più propensi a interagire con essi.

Approfondimento ed esempio

Le pubblicità derivate da target specifici rappresentano sia il bene che il male delle nuove tecnologie e dei social media. Per chiarire meglio di cosa stiamo parlando, prendiamo ad esempio una situazione che si verifica frequentemente sui marketplace come l'App Store e il Google Play Store. Questi strumenti, per chi non li conosce, sono piattaforme dove è possibile scaricare giochi, applicazioni, sfondi e molto altro per i nostri smartphone. L'App Store è dedicato esclusivamente al mondo Apple, mentre il Google Play Store è rivolto agli utenti Android.

Recentemente, in modo estremamente massiccio, è comparsa una nuova tipologia di pubblicità sui giochi gratuiti disponibili su questi store. Questi annunci sono molto convincenti e promettono guadagni facili semplicemente giocando. Tuttavia, il male è nascosto sapientemente a portata di vista. È fondamentale comprendere che la risorsa più preziosa che possediamo sono i nostri dati personali. Le aziende desiderano ardentemente ottenere il nostro nome, cognome, indirizzo email e numero di telefono, con tanto di autorizzazione per l'utilizzo di questi dati a scopi pubblicitari.

Ma oltre a questo, questi giochi nascondono spesso degli add-on a pagamento. Si tratta di piccole cifre che, ad un certo punto, ti vengono richieste per proseguire nel gioco. Ti promettono di incassare fin da subito e di pagarti anche un solo euro guadagnato. Tuttavia, una volta installato il gioco (e già qui hai ceduto i tuoi dati a qualcuno), anche se vedi salire i soldi guadagnati, scopri che devi raggiungere un livello superiore al primo per incassare, e non ti ci fanno arrivare. E il gioco è fatto.

Se per caso sei un bambino e se per caso tu, genitore, hai lasciato aperta la possibilità di acquisti in-app, hai la ricetta perfetta per la truffa. E dimenticati poi di appellarti a chi vuoi, perché il disclaimer di accettazione è già stato firmato una volta da qualche parte su qualche app, e non ti sei andato a leggere le scrittine piccole dove ti dicevano cosa stavi accettando.

Questo mi porta a ribadire che non sono contrario all'uso della tecnologia per i bambini e i ragazzi, ma sono fortemente contrario all'utilizzo del proprio dispositivo portatile da dare ad un bambino. Preferisco che il bambino ne abbia uno suo, con tutti i limiti che possiamo imporre al dispositivo per garantire la sua sicurezza e protezione.

Esempi Pratici di Targeting

Ecco alcuni esempi pratici di come funziona il targeting pubblicitario:

Targeting Geografico: Un ristorante locale può mostrare annunci solo alle persone che vivono o lavorano nelle vicinanze.

Targeting Demografico: Un'azienda di cosmetici può mostrare annunci solo alle donne di una certa fascia d'età.

Targeting per Interessi: Un negozio di attrezzature sportive può mostrare annunci solo alle persone interessate a sport e fitness.

Targeting Comportamentale: Un'agenzia di viaggi può mostrare annunci solo alle persone che hanno recentemente cercato voli o hotel online.

Consigli per Educare i Bambini

Educare i bambini sulla privacy online e sul funzionamento del targeting pubblicitario è cruciale. Ecco alcuni consigli utili:

Spiegare Cosa Sono i Dati Personali: Insegnare ai bambini cosa significa "dati personali" e perché è importante proteggerli.

Mostrare Esempi Concreti: Utilizzare esempi concreti per spiegare come le informazioni personali possono essere utilizzate per la pubblicità, ad esempio, vedere annunci di giocattoli dopo aver cercato giocattoli online.

Incoraggiare la Consapevolezza: Insegnare ai bambini a essere consapevoli delle informazioni che condividono online e a pensare prima di cliccare su annunci pubblicitari.

Utilizzare Strumenti di Protezione: Utilizzare strumenti di protezione come filtri di contenuto e impostazioni di privacy per proteggere i bambini online.

Ma di cosa stiamo parlando esattamente, nel senso, si parla di target pubblicitario, di colpire i clienti con la giusta pubblicità. Perché le aziende dovrebbeo investire per questo. Che genere di affari "smuove" tutto questo movimento. Che ti di palcoscenico è in palio per chi vince la sfida della pubblicità più performante.

Mi rendo conto che per chi non è nel settore queste sono solo discussioni abbastanza tecniche e noiose. Vi confido che lo sono avvolte anche per me che ci lavoro.

Ma è giusto che vi fornisca qualche dato per darvi una esatta idea di cosa stiamo parlando e di quale tipo di budget smuove questo movimento.

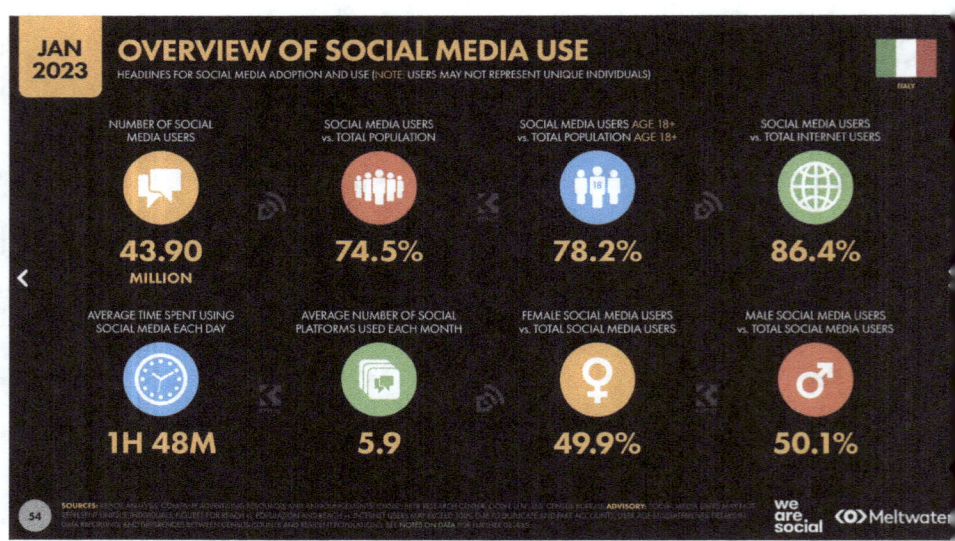

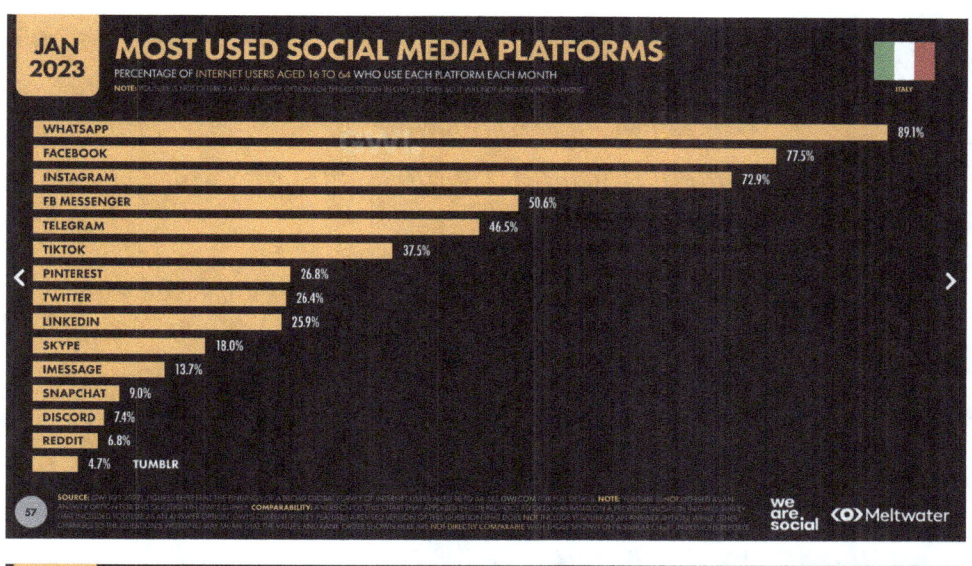

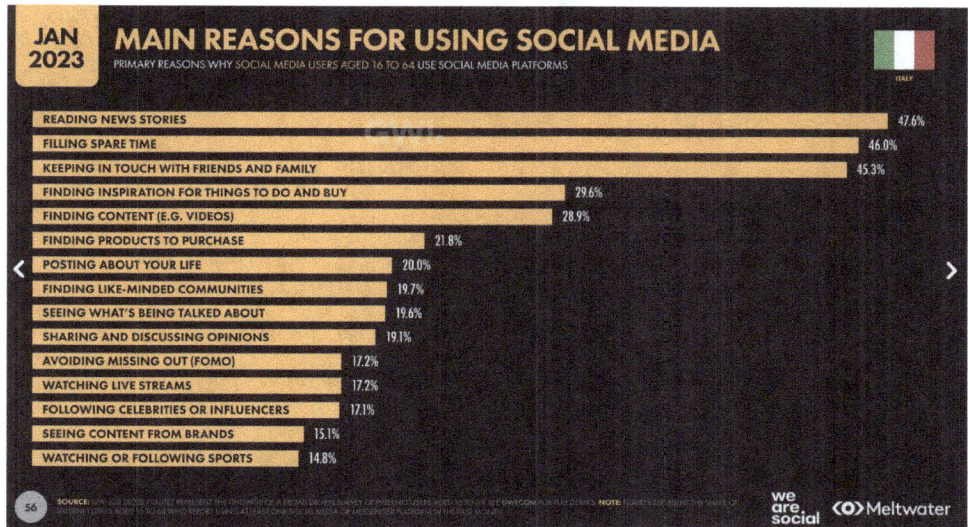

Riflessioni sul Targeting Pubblicitario

Secondo me, il targeting pubblicitario è un motivo importante per capire che un cellulare usato da un adulto non può essere usato da un bambino come oggetto di compagnia. Partendo dal target che il cellulare in mano a un adulto rappresenta per le macchine di apprendimento, è facile comprendere come i contenuti visualizzati possano non essere adatti a un bambino.

Faccio un esempio pratico per essere compreso ancora più facilmente. Il mio account di YouTube è strapieno di video che parlano di auto da corsa e anche di incidenti. La mia passione primaria è sicuramente il mondo dei motori e il motorsport. Se mia figlia accedesse a YouTube con il mio account e, sfortunatamente, le capitasse come primo video l'incidente occorso a Sic, dove perse la vita, la domanda è: come elaborerebbe quel video? Oppure, se le capitasse un video dove si vede la presentazione di un nuovo modello di moto e l'immagine si soffermasse su una stupenda modella in abiti succinti, come giudicherebbe questo video? Cosa capirebbe da quello che vede?

Non tutte le piattaforme funzionano allo stesso modo. Prendiamo ad esempio Facebook di Meta. È vero che il feed della piattaforma viene composto per lo più dalle mie ricerche, ma non solo, anche dalle mie iscrizioni ai vari canali. Per cui, magari sono iscritto a una pagina di Facebook che condanna la violenza sui bambini durante le varie guerre e di tanto in tanto aggiungo io, incautamente, un post molto crudo su bambini mutilati, sangue, ecc. Noi dobbiamo ragionare non tanto sul tema, ma su chi lo vede. Ai nostri occhi, è comprensibile (e non sto dicendo che non sia condannabile, anzi) che se oggettivamente cade un missile su una struttura civile ci sta che ci siano morti e feriti e ci sta (purtroppo) che siano coinvolti anche minori. Oppure, sono iscritto a una pagina che parla di cronaca e magari il giornalista fa un editoriale sulla violenza femminile spiegando bene in dettaglio cosa è avvenuto. Come verrebbe interpretato da un bambino?

Seguo programmi di musica pur non piacendomi il trap e tutto quel movimento, può capitare che ci scappi una di quelle canzoni con quei bei post poetici. Come lo capirebbe una bambina di 9 anni a cui mancano tutti gli strumenti per comprendere (e non sto dicendo che sia stupida ma solo troppo piccola)?

In conclusione, comprendere il targeting pubblicitario sui social media è essenziale sia per le aziende che per i consumatori. Per le aziende, significa raggiungere il pubblico giusto. Per i consumatori, significa vedere annunci più pertinenti e proteggere meglio la propria privacy online. Educare i bambini su questi argomenti è un passo importante per aiutarli a navigare in sicurezza nel mondo digitale.

Ci torneremo sicuramente di nuovo sull'argomento data la sua cruciale importanza.

Quiz: Social Media e Bambini - Una Riflessione Importante

Domanda 1: Cos'è il Targeting Pubblicitario?

Una tecnica che mostra annunci a tutti gli utenti indistintamente.

Una tecnica che mostra annunci solo a persone interessate a determinati prodotti o servizi.

Una tecnica che blocca tutti gli annunci pubblicitari.

Domanda 2: Perché è importante comprendere il targeting pubblicitario?

Per risparmiare denaro e raggiungere un pubblico più interessato.

Per vedere più spam e annunci irrilevanti.

Per proteggere la privacy online dei bambini.

Domanda 3: Quale di questi esempi descrive il targeting geografico?

Un'azienda di cosmetici mostra annunci solo alle donne di una certa fascia d'età.

Un ristorante locale mostra annunci solo alle persone che vivono o lavorano nelle vicinanze.

Un negozio di attrezzature sportive mostra annunci solo alle persone interessate a sport e fitness.

Domanda 4: Perché un cellulare usato da un adulto non dovrebbe essere usato da un bambino come oggetto di compagnia?

Perché i contenuti visualizzati potrebbero non essere adatti a un bambino.

Perché i bambini non sanno usare i cellulari.

Perché i cellulari sono troppo costosi per i bambini.

Domanda 5: Cosa potrebbe succedere se un bambino accedesse a un account YouTube pieno di video su auto da corsa e incidenti?

Il bambino potrebbe vedere contenuti inappropriati e non capire cosa sta vedendo.

Il bambino potrebbe imparare tutto sulle auto da corsa.

Il bambino potrebbe vedere solo video di cartoni animati.

Domanda 6: Perché è importante educare i bambini sulla privacy online?

Per proteggerli da contenuti inappropriati e pubblicità mirata.

Per farli diventare esperti di social media.

Per farli usare più spesso i social media.

Domanda 7: Quale di queste azioni è consigliata per proteggere i bambini online?

Insegnare ai bambini cosa significa "dati personali" e perché è importante proteggerli.

Lasciare che i bambini usino i social media senza supervisione.

Mostrare ai bambini solo annunci pubblicitari.

Domanda 8: Cosa potrebbe succedere se un bambino vedesse un post crudo su bambini mutilati durante una guerra?

Il bambino potrebbe essere traumatizzato e non capire il contesto.

Il bambino potrebbe diventare un esperto di storia.

Il bambino potrebbe vedere solo immagini di pace e amore

Domanda 9: Perché è importante riflettere su chi vede i contenuti sui social media?

Perché i contenuti possono essere interpretati diversamente a seconda dell'età e della maturità della persona.

Perché i contenuti sono sempre appropriati per tutti.

Perché i social media sono solo per adulti.

Domanda 10: Cosa potrebbe capire una bambina di 9 anni da una canzone trap con testi poetici?

La bambina potrebbe non comprendere il contesto e interpretare male i testi.

La bambina potrebbe diventare una fan del trap.

La bambina potrebbe imparare tutto sulla poesia.

Risposte

b) Una tecnica che mostra annunci solo a persone interessate a determinati prodotti o servizi.

Per risparmiare denaro e raggiungere un pubblico più interessato.

Un ristorante locale mostra annunci solo alle persone che vivono o lavorano nelle vicinanze.

Perché i contenuti visualizzati potrebbero non essere adatti a un bambino.

Il bambino potrebbe vedere contenuti inappropriati e non capire cosa sta vedendo.

Per proteggerli da contenuti inappropriati e pubblicità mirata.

Insegnare ai bambini cosa significa "dati personali" e perché è importante proteggerli.

Il bambino potrebbe essere traumatizzato e non capire il contesto.

Perché i contenuti possono essere interpretati diversamente a seconda dell'età e della maturità della persona.

La bambina potrebbe non comprendere il contesto e interpretare male i testi.

Riflessione Finale

Comprendere il targeting pubblicitario e l'impatto che i contenuti online possono avere sui bambini è fondamentale per proteggere la loro innocenza e il loro benessere psicologico. Educare i bambini sulla privacy online e su come navigare in sicurezza nel mondo digitale è un passo cruciale per garantire che possano godere dei benefici della tecnologia senza essere esposti a rischi inutili.

Capitolo 4: Gioco d'Azzardo e Cyberbullismo: Come Riconoscerlo e Combatterlo
Definizione e Strategie di Gestione

Il gioco d'azzardo online e il cyberbullismo sono due fenomeni preoccupanti che possono avere gravi conseguenze sulla vita dei giovani. Comprendere questi problemi e sviluppare strategie efficaci per gestirli e combatterli è fondamentale per proteggere il benessere psicologico e sociale dei giovani.

Il Gioco d'Azzardo Online: Un Rischio Crescente

Il gioco d'azzardo online è diventato una realtà sempre più pervasiva e accessibile, specialmente tra i giovani. Le piattaforme di gioco offrono una vasta gamma di opzioni, dai casinò virtuali alle scommesse sportive, e spesso utilizzano tecniche di marketing aggressive per attrarre nuovi giocatori. Questo fenomeno, se non adeguatamente regolamentato e compreso, può portare a una dipendenza dal gioco, con conseguenze devastanti per la salute mentale, le finanze e le relazioni sociali dei giovani.

Accessibilità e Attrattività

L'accessibilità delle piattaforme di gioco online è uno dei fattori principali che contribuisce alla loro popolarità tra i giovani. Con un semplice clic, è possibile accedere a una moltitudine di giochi d'azzardo, spesso senza alcun controllo rigoroso sull'età dei partecipanti. Questo facilita l'ingresso nel mondo del gioco d'azzardo anche per i più giovani, che possono essere particolarmente vulnerabili alle tentazioni offerte dalle piattaforme.

Le tecniche di marketing utilizzate dalle piattaforme di gioco online sono altrettanto preoccupanti. Pubblicità aggressiva, bonus di benvenuto e promozioni continue sono strumenti comuni per attrarre nuovi giocatori. Questi metodi sfruttano la vulnerabilità psicologica dei giovani, che spesso non sono ancora pienamente consapevoli delle conseguenze del gioco d'azzardo. La promessa di vincite facili e l'illusione di controllo sul gioco possono essere particolarmente seducenti per i giovani, che sono ancora in fase di sviluppo cognitivo ed emotivo.

Psicologia del Gioco d'Azzardo in Giovane Età

La psicologia del gioco d'azzardo in giovane età è un campo di studio complesso e multidimensionale. I giovani sono particolarmente vulnerabili alle tentazioni del gioco d'azzardo a causa delle loro caratteristiche cognitive e emotive in via di sviluppo. La fase adolescenziale è caratterizzata da una forte propensione alla ricerca di sensazioni forti e di gratificazioni immediate, che possono essere facilmente soddisfatte attraverso il gioco d'azzardo.

La teoria del rischio percepito suggerisce che i giovani tendono a sottovalutare i rischi associati al gioco d'azzardo, soprattutto se percepiscono un controllo illusorio sulle proprie azioni. Questo fenomeno è noto come "illusione del controllo" e può portare a comportamenti di gioco compulsivo. I giovani possono credere di avere una strategia vincente o di essere più fortunati di altri, ignorando le probabilità reali di vincita e perdita.

Inoltre, la gratificazione immediata e la possibilità di vincere premi possono attivare il sistema di ricompensa del cervello, rilasciando dopamina e creando un circuito di feedback positivo. Questo meccanismo neurobiologico può portare a una dipendenza dal gioco, dove il gioco d'azzardo diventa una fonte primaria di piacere e gratificazione.

Conseguenze della Dipendenza dal Gioco d'Azzardo

La dipendenza dal gioco d'azzardo può avere conseguenze devastanti per la salute mentale, le finanze e le relazioni sociali dei giovani. Dal punto di vista psicologico, il gioco d'azzardo può portare a disturbi d'ansia, depressione e stress cronico. I giovani dipendenti dal gioco possono sperimentare un senso di colpa, vergogna e isolamento sociale, che possono ulteriormente aggravare i loro problemi di salute mentale.

Dal punto di vista finanziario, la dipendenza dal gioco d'azzardo può portare a gravi difficoltà economiche. I giovani possono spendere somme ingenti di denaro per finanziare il loro gioco, accumulando debiti e mettendo a rischio la loro stabilità finanziaria. Questo può avere ripercussioni a lungo termine sulla loro capacità di risparmiare, investire e gestire il denaro.

In termini di relazioni sociali, la dipendenza dal gioco d'azzardo può causare conflitti familiari e la perdita di amicizie. I giovani possono diventare isolati e distaccati dalle loro famiglie e amici, concentrandosi esclusivamente sul gioco d'azzardo. Questo può portare a una deteriorazione delle relazioni interpersonali e a una perdita di supporto sociale.

Interventi e Prevenzione

Per affrontare il problema del gioco d'azzardo online tra i giovani, è necessario adottare una serie di interventi e misure preventive. L'educazione e la sensibilizzazione sono fondamentali per informare i giovani sui rischi associati al gioco d'azzardo e per promuovere comportamenti responsabili. Programmi educativi e campagne di sensibilizzazione possono aiutare i giovani a comprendere le probabilità di vincita e perdita, a riconoscere i segnali di dipendenza e a sviluppare strategie di autocontrollo.

Inoltre, è essenziale implementare regolamentazioni rigorose per limitare l'accesso dei giovani alle piattaforme di gioco online. Controlli sull'età, verifiche dell'identità e limiti di spesa possono essere utili per proteggere i giovani dai rischi del gioco d'azzardo. Le piattaforme di gioco devono anche adottare pratiche di marketing responsabili, evitando di targetizzare i giovani con messaggi pubblicitari ingannevoli o aggressivi.

Infine, il supporto psicologico e sociale è cruciale per aiutare i giovani dipendenti dal gioco d'azzardo. Programmi di supporto, terapie e gruppi di autoaiuto possono fornire ai giovani le risorse necessarie per affrontare e superare la loro dipendenza. Il coinvolgimento delle famiglie e delle comunità può ulteriormente rafforzare il supporto sociale e promuovere un ambiente di recupero positivo.

In conclusione, il gioco d'azzardo online rappresenta un rischio crescente per i giovani, con conseguenze devastanti per la loro salute mentale, finanze e relazioni sociali. Attraverso l'educazione, la regolamentazione e il supporto psicologico, è possibile affrontare questo problema e proteggere i giovani dai rischi del gioco d'azzardo online.

Conseguenze del Gioco d'Azzardo Online:

Dipendenza: Il gioco d'azzardo può diventare una dipendenza, portando i giovani a spendere sempre più tempo e denaro su piattaforme di gioco.

Problemi Finanziari: La dipendenza dal gioco può portare a gravi problemi finanziari, con i giovani che spendono più di quanto possono permettersi.

Isolamento Sociale: I giovani possono isolarsi dai loro amici e familiari per dedicare più tempo al gioco d'azzardo online.

Stress e Ansia: La preoccupazione costante per le perdite finanziarie e il desiderio di vincere può causare stress e ansia cronici.

Qualche dato preso dalla rete

Ludopatia in Italia: le aree geografiche dove si gioca di più

1. **la Lombardia**: dove si registra un ammontare di 7.204 miliardi di euro,
2. **la Campania:** con un ammontare di 4,349 miliardi di euro,
3. **il Lazio:** con un ammontare di 3,902 miliardi di euro,
4. **l'Emilia Romagna:** con un ammontare di 3,058 miliardi di euro.

L'ammontare in euro diviso per Gioco:

- **i giochi di carte e abilità** registrano 37,5 miliardi di euro,
- **le new slot e video** lotterie registrano 18,97 miliardi di euro,

- **le scommesse sportive e ippiche** registrano 11,34 miliardi di euro,
- **la lotteria e i gratta e vinci** registrano 8,17 miliardi di euro,
- **i giochi numerici** registrano 1,26 miliardi di euro,
- **il Bingo** registra 0,92 miliardi di euro
- **altri** che registrano ben **3,81 miliardi di euro**

Va tenuto conto che i dati sono decisamente aumentati durante la pandemia, ovviamente specie le scommesse online. Questo significativo aumento ci interessa perché, dove c'e' un aumento di "movimento" le aziende investono per ottenere profitto. Per cui si sono moltiplicate le possibilità di giocare online rispetto a prima della pandemia, appunto.

Tratto dal sito https://www.nomisma.it

OSSERVATORIO GIOCO E GIOVANI
GIOCHI PIÙ FREQUENTI PER CANALE

RISPOSTA MULTIPLA

Quali giochi di fortuna/azzardo hai fatto più spesso ...

OFFLINE
- Gratta & Vinci — 56%
- Scommesse sportive in agenzia — 22%
- Giochi numerici a totalizzatore — 19%
- Concorsi sportivi a pronostico — 16%
- Lotto — 15%
- Apparecchi in bar/tabaccai/altri locali — 13%
- Lotterie nazionali — 13%
- Scommesse ippiche in agenzia — 11%
- Bingo — 7%

ONLINE
- Scommesse sportive on line — 42%
- Poker online — 24%
- Casinò online — 21%
- Scommesse on line su altri eventi — 19%
- Altri giochi di fortuna on line con vincita di denaro — 19%
- Altri giochi di abilità on line con vincita di denaro — 16%
- Scommesse ippiche on line — 15%

Fonte: Nomisma Gioco & Giovani, 2021
TARGET: Giovani che negli ultimi 12 mesi hanno giocato

OSSERVATORIO GIOCO E GIOVANI
MOTIVAZIONI DI GIOCO

RISPOSTA MULTIPLA

Per quale/i motivo/i negli ultimi 12 mesi hai giocato a giochi di fortuna/azzardo?

- Curiosità, noia, passatempo — 39% — CURIOSITÀ
- Per divertirmi, dimenticare i miei problemi — 21% — DIVERTIMENTO/COMPAGNIA
- Bisogno di soldi — 18% — SPERANZA DI VINCERE DENARO
- In famiglia si è sempre giocato — 17% — CONOSCENZA DI ALTRI GIOCATORI
- Per stare in compagnia — 15% — DIVERTIMENTO/COMPAGNIA
- Per fare pratica e diventare esperto — 13% — FARE PRATICA
- I miei amici giocavano già — 12% — CONOSCENZA DI ALTRI GIOCATORI
- Ero convinto che si vincesse facilmente — 12% — SPERANZA DI VINCERE DENARO
- Ho trovato dei bonus su Internet — 11% — PUBBLICITÀ/INTERNET
- Curiosità per le pubblicità che ho visto in giro — 9% — PUBBLICITÀ/INTERNET
- Altro — 4%

Fonte: Nomisma Gioco & Giovani, 2021
TARGET: Giovani che hanno giocato di fortuna/azzardo negli ultimi 12 mesi

- 111 -

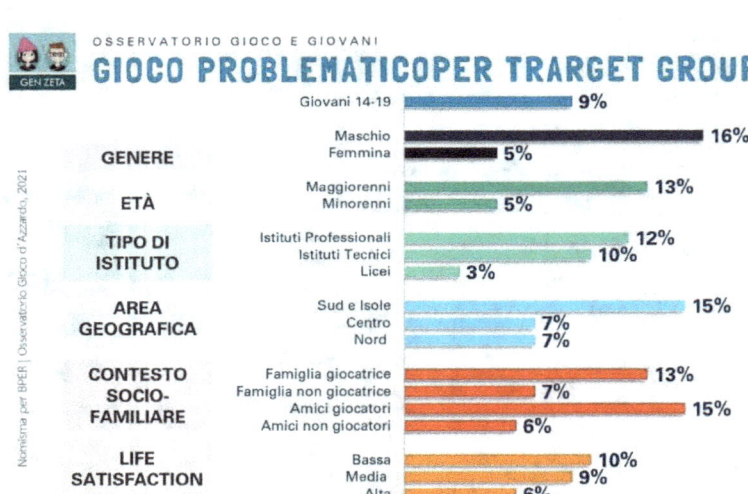

Citazione Istituto Maggiore della Sanità

"Confronto dati dal 2018 al 2024: la prevalenza della pratica di gioco d'azzardo si abbassa dal 29% al 25% circa. Nonostante il divieto un minore su 4 pratica il gioco d'azzardo. Aumentano i giocatori problematici e la fascia a rischio: problematici da 68mila a 90mila; a rischio da 80mila a più di 136mila."

Comunque, rimane un problema legato al **genere maschile**, in cui la problematicità arriva al 6% della popolazione studentesca minorenne e il rischio sale al 10%.

GIOCO D'AZZARDO* - PREVALENZA % DI STUDENTESSE FEMMINE 2017 VS 2024

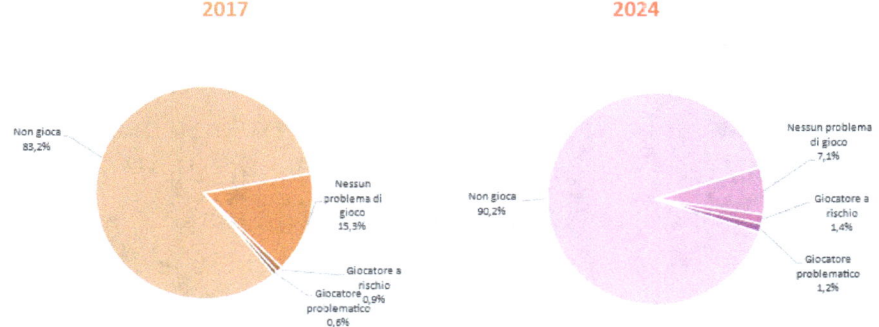

* Scala SOGS-RA

GIOCO D'AZZARDO* - PREVALENZA % DI STUDENTI MASCHI 2017 VS 2024

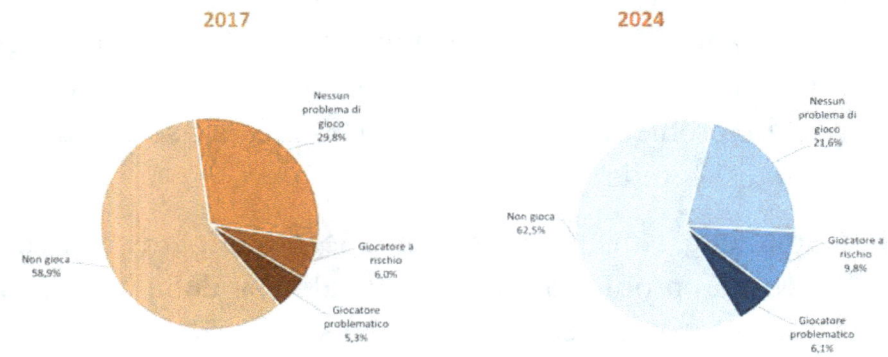

* Scala SOGS-RA

La fallacia dei costi sommersi

La "fallacia del costo sommerso" è un concetto economico e psicologico che si riferisce alla tendenza delle persone a continuare a investire tempo, denaro o risorse in un progetto o in una situazione a causa degli investimenti già effettuati, anche quando è evidente che continuare non è la scelta più razionale o vantaggiosa. Questo fenomeno è anche noto come "fallacia dei costi irrecuperabili" o "trappola dei costi sommersi".

Definizione

I costi sommersi sono costi che sono stati sostenuti in passato e che non possono essere recuperati. La fallacia dei costi sommersi emerge quando questi costi passati influenzano le decisioni future, portando a scelte che non sono ottimali dal punto di vista economico. In altre parole, le persone continuano a investire tempo, denaro o risorse in un progetto o in una situazione a causa degli investimenti già effettuati, anche quando è evidente che continuare non è la scelta più razionale o vantaggiosa.

Esempio Pratico

Immagina di aver speso 1.000 euro per un biglietto non rimborsabile per una vacanza. Poco prima della partenza, ti rendi conto che la destinazione non è più sicura a causa di un'emergenza sanitaria. Nonostante il rischio, decidi di andare comunque perché hai già speso il denaro per il biglietto. Questa decisione è influenzata dai costi sommersi (i 1.000 euro spesi), anche se la scelta più razionale sarebbe stata quella di evitare il rischio e non partire.

Psicologia

Questa fallacia è radicata nella tendenza umana a evitare la sensazione di perdita. Le persone tendono a sentirsi obbligate a giustificare gli investimenti passati, anche quando questi non hanno più rilevanza per le decisioni future. Questo comportamento è spesso guidato da emozioni come il rimpianto o la paura di ammettere un errore, piuttosto che da una valutazione razionale dei costi e dei benefici futuri.

Applicazione alla Ludopatia Online

La ludopatia, o gioco d'azzardo patologico, è un disturbo comportamentale che può avere conseguenze devastanti sulla vita delle persone. La fallacia dei costi sommersi gioca un ruolo cruciale nel perpetuare questo comportamento, specialmente nel contesto del gioco d'azzardo online.

Esempio Pratico nel Gioco d'Azzardo Online

Immagina un giocatore che ha speso 500 euro in una sessione di poker online. Dopo aver perso questa somma, il giocatore decide di continuare a giocare, sperando di recuperare le perdite. Questa decisione è influenzata dai costi sommersi (i 500 euro persi), anche se la scelta più razionale sarebbe stata quella di interrompere il gioco per evitare ulteriori perdite.

Perché Questo Succede?

Questo comportamento è comune perché le persone tendono a evitare la sensazione di perdita. Si sentono obbligate a giustificare gli investimenti passati, anche quando questi non hanno più rilevanza per le decisioni future. Nel contesto del gioco d'azzardo, i giocatori possono sentirsi spinti a continuare a giocare per recuperare le perdite, anche se razionalmente sanno che continuare a giocare potrebbe peggiorare la situazione.

Come Evitare la Fallacia dei Costi Sommersi

1. **Conoscenza e Consapevolezza:** È importante capire che i soldi già spesi non possono essere recuperati e che continuare a giocare non è la soluzione.

2. **Limiti di Spesa:** Stabilire un budget per il gioco d'azzardo e rispettarlo può aiutare a evitare di cadere nella trappola dei costi sommersi.

3. **Pause e Interruzioni**: Prendere pause regolari durante il gioco può aiutare a ridurre l'impulsività e a valutare meglio le decisioni.

4. **Supporto Psicologico:** Parlare con un professionista può aiutare a comprendere e gestire meglio le emozioni legate al gioco d'azzardo.

Conclusione

La fallacia dei costi sommersi è un fenomeno psicologico ed economico che può avere un impatto significativo sulle decisioni delle persone, specialmente nel contesto della ludopatia online. Comprendere questo concetto e applicare strategie per evitarlo può aiutare a prevenire comportamenti di gioco dannosi e a promuovere decisioni più razionali e consapevoli.

Il Cyberbullismo: Una Minaccia Silenziosa

Il cyberbullismo è una delle manifestazioni più insidiose dell'impatto negativo dei social media sulla società, contribuendo ad alimentare solitudine e insicurezza, soprattutto tra i giovani. Questa forma di bullismo si distingue per la sua pervasività: grazie all'assenza di limiti spazio-temporali, le vittime possono essere tormentate in ogni momento, spesso senza possibilità di sfuggire, con conseguenze psicologiche devastanti come depressione, ansia e perdita dell'autostima.

I social media, nati con l'intento di connettere le persone, hanno paradossalmente intensificato un senso di isolamento. L'interazione online spesso sostituisce i rapporti interpersonali diretti, portando a un indebolimento della capacità di creare connessioni autentiche. Questo fenomeno è amplificato dal cyberbullismo, dove gli attacchi digitali erodono il senso di appartenenza e sicurezza. Secondo un'indagine di Ipsos per Save the Children, il 65% degli adolescenti vittime di cyberbullismo sperimenta difficoltà a relazionarsi socialmente, con picchi di isolamento soprattutto tra le ragazze.

Un altro aspetto cruciale è la "deresponsabilizzazione" tipica delle interazioni online. Dietro uno schermo, i cyberbulli spesso agiscono sentendosi protetti dall'anonimato, senza percepire le conseguenze delle loro azioni. Questo porta a una escalation di comportamenti ostili, che nelle relazioni reali sarebbero probabilmente evitati. Inoltre, il fenomeno dell'"effetto spettatore" rende gli altri utenti meno inclini a intervenire per difendere le vittime, contribuendo ulteriormente al senso di abbandono.

La mancanza di empatia, tipica delle relazioni virtuali, si traduce in una disumanizzazione delle interazioni. In questo contesto, le vittime di cyberbullismo non solo subiscono danni immediati, ma anche conseguenze a lungo termine: difficoltà a costruire relazioni sane, problemi accademici e, nei casi peggiori, sviluppo di disturbi psicologici severi.

Per contrastare questa tendenza, è fondamentale promuovere un uso consapevole dei social media, educando i giovani al rispetto e alla solidarietà online. Campagne di sensibilizzazione, come il "Safer Internet Day" della Commissione Europea, mirano a incoraggiare pratiche digitali più sicure e responsabili. Tuttavia, è necessario un approccio collettivo che coinvolga genitori, scuole, istituzioni e piattaforme tecnologiche per creare ambienti virtuali più sicuri e inclusivi.

In conclusione, se da un lato i social media hanno trasformato la comunicazione globale, dall'altro hanno anche esacerbato fenomeni come il cyberbullismo, che minano la salute mentale e il benessere sociale. Affrontare questo problema richiede una combinazione di sensibilizzazione, educazione e regolamentazione per garantire che la tecnologia non diventi un mezzo di isolamento e insicurezza, ma piuttosto uno strumento di connessione positiva.

Storie Vere di Cyberbullismo: Dare un Volto alla Sofferenza

Per comprendere appieno l'impatto del cyberbullismo, è importante ascoltare le storie di chi lo ha vissuto in prima persona. Queste testimonianze ci ricordano che dietro ogni schermo c'è una persona reale, con sentimenti ed emozioni. Ecco alcune storie vere, con i nomi e i dettagli cambiati per proteggere la privacy delle persone coinvolte.

La Storia di Marco

Marco era un adolescente di 15 anni, appassionato di videogiochi e social media. Un giorno, mentre giocava online con i suoi amici, uno di loro ha iniziato a prenderlo in giro per un errore commesso durante una partita. Quello che era iniziato come uno scherzo innocente si è rapidamente trasformato in una serie di insulti e minacce.

"All'inizio pensavo fosse solo uno scherzo," racconta Marco. "Ma poi i messaggi sono diventati sempre più aggressivi. Mi chiamavano 'perdente' e 'idiota', e mi dicevano che avrei dovuto smettere di giocare per sempre. Ho provato a ignorarli, ma i messaggi continuavano ad arrivare, anche quando uscivo dal gioco."

Marco ha iniziato a sentirsi sempre più isolato e depresso. "Mi vergognavo di parlare con i miei genitori o con gli insegnanti. Pensavo che avrebbero pensato che ero debole o che mi stavo lamentando per niente. Così ho tenuto tutto dentro di me."

La situazione è peggiorata quando gli amici di Marco hanno iniziato a escluderlo dai gruppi di chat e dalle partite online. "Mi sentivo completamente solo. Era come se non avessi più nessuno con cui parlare."

Fortunatamente, un giorno, uno degli insegnanti di Marco ha notato un cambiamento nel suo comportamento e ha deciso di intervenire. "L'insegnante mi ha chiesto cosa stava succedendo e mi ha ascoltato senza giudicarmi. Mi ha aiutato a parlare con i miei genitori e a trovare il supporto di cui avevo bisogno."

Con l'aiuto di un consulente scolastico e il supporto della sua famiglia, Marco ha iniziato a riprendere fiducia in se stesso. "È stato un percorso difficile, ma ho imparato che non sono solo. Ci sono persone che mi vogliono bene e che mi supportano, anche quando mi sento al mio peggio."

La Storia di Laura

Laura era una studentessa di 17 anni, molto attiva sui social media. Un giorno, ha pubblicato una foto di se stessa in costume da bagno, pensando che fosse un modo innocente per condividere un momento di felicità con i suoi amici. Tuttavia, la foto è stata rapidamente condivisa e commentata in modo negativo da alcuni compagni di classe.

"I commenti erano orribili," racconta Laura. "Mi chiamavano 'grassa' e 'brutta', e mi dicevano che avrei dovuto vergognarmi di me stessa. Ho provato a cancellare la foto, ma era troppo tardi. Era già stata condivisa e commentata da centinaia di persone."

Laura ha iniziato a sentirsi sempre più insicura e ansiosa. "Ogni volta che aprivo i social media, vedevo quei commenti orribili. Mi sentivo come se tutti mi stessero giudicando e ridendo di me. Era come se non potessi sfuggire a quella umiliazione."

La situazione è peggiorata quando Laura ha iniziato a ricevere messaggi privati da sconosciuti che la minacciavano e la insultavano. "Mi sentivo completamente vulnerabile. Era come se non ci fosse nessun posto sicuro per me, nemmeno online."

Con il supporto dei suoi genitori e di un terapeuta, Laura ha iniziato a lavorare sulla sua autostima e a trovare modi per proteggersi online. "Ho imparato a impostare i miei account su privato e a bloccare le persone che mi inviavano messaggi negativi. Ho anche iniziato a parlare apertamente del mio esperienza, sperando di aiutare altre persone a non sentirsi sole."

La Storia di Giovanni

Giovanni era un giovane di 18 anni, appassionato di musica e tecnologia. Un giorno, ha deciso di creare un canale YouTube per condividere le sue cover musicali. All'inizio, ha ricevuto molti commenti positivi e di supporto, ma poi ha iniziato a ricevere messaggi offensivi e minacciosi.

"All'inizio pensavo fossero solo troll," racconta Giovanni. "Ma poi i messaggi sono diventati sempre più personali e aggressivi. Mi dicevano che ero un 'fallito' e che avrei dovuto smettere di fare musica. Mi sentivo come se tutto il mio lavoro e la mia passione fossero stati distrutti."

Giovanni ha iniziato a sentirsi sempre più demotivato e depresso. "Ho smesso di fare musica per un po'. Mi sentivo come se non avessi più il diritto di esprimere me stesso. Era come se tutto il mio mondo fosse crollato."

Con il supporto dei suoi amici e della sua famiglia, Giovanni ha iniziato a riprendere fiducia in se stesso. "Ho imparato a ignorare i commenti negativi e a concentrarmi sui feedback positivi. Ho anche iniziato a parlare apertamente del mio esperienza, sperando di aiutare altre persone a non sentirsi sole."

Conclusione

Queste storie ci ricordano che il cyberbullismo è una realtà dolorosa e devastante per molte persone. Dietro ogni schermo c'è una persona reale, con sentimenti ed emozioni. È importante riconoscere l'impatto del cyberbullismo e lavorare insieme per creare un ambiente online più sicuro e solidale. Solo attraverso l'educazione, il supporto e la collaborazione possiamo sperare di ridurre l'incidenza del cyberbullismo e offrire un futuro migliore a tutti.

La "Sconfitta della Società"

Quando parlo di "sconfitta della società", mi riferisco a un fallimento collettivo nel creare e mantenere un ambiente sociale che promuova valori positivi come l'empatia, il rispetto e la solidarietà. Questo fallimento è particolarmente evidente nel contesto digitale, dove la mancanza di interazione faccia a faccia e il ridotto senso di comunità possono contribuire a un ambiente meno empatico e più aggressivo.

Mancanza di Interazione diretta

L'interazione faccia a faccia è fondamentale per lo sviluppo delle competenze sociali ed emotive. Attraverso il contatto diretto, impariamo a leggere le espressioni facciali, il linguaggio del corpo e il tono della voce, tutte componenti essenziali della comunicazione umana. Quando queste interazioni sono ridotte o sostituite da comunicazioni digitali, perdiamo l'opportunità di sviluppare queste importanti abilità. Inoltre, la comunicazione online spesso manca di cues non verbali, rendendo più facile fraintendere le intenzioni altrui e reagire in modo inappropriato.

Ridotto Senso di Comunità

Il senso di comunità è ciò che ci lega agli altri e ci fa sentire parte di un gruppo più grande. Nei contesti tradizionali, come la scuola o il quartiere, le persone sviluppano un senso di appartenenza attraverso le interazioni quotidiane. Tuttavia, nelle comunità online, questo senso di appartenenza può essere più fragile e superficiale. Senza il supporto di una comunità forte e coesa, gli individui possono sentirsi più isolati e vulnerabili, rendendoli bersagli più facili per il cyberbullismo.

Dinamiche Sociali Online

Le dinamiche sociali online possono amplificare comportamenti negativi in diversi modi:

Anonimato e Disinibizione

L'anonimato offerto dagli schermi può portare a una disinibizione, rendendo più facile per le persone comportarsi in modi che non oserebbero fare di persona. Questo può includere insulti, minacce e altre forme di bullismo. Senza la paura di essere immediatamente riconosciuti e affrontati, le persone possono sentirsi libere di esprimere il loro lato peggiore.

Eco Camere e Polarizzazione

Le piattaforme online tendono a creare "echo chambers", ambienti in cui le persone si circondano di opinioni simili alle proprie. Questo fenomeno può portare a una polarizzazione delle opinioni, poiché gli individui sono esposti principalmente a punti di vista che confermano le loro convinzioni preesistenti. In tali ambienti, la diversità di pensiero è limitata, il che riduce l'empatia verso prospettive differenti. Questo isolamento ideologico facilita l'emergere di comportamenti aggressivi e intolleranti, poiché le persone diventano meno inclini a comprendere e rispettare opinioni diverse dalle loro.

Viralità e Amplificazione

Il contenuto online può diffondersi rapidamente e raggiungere un vasto pubblico. Questo fenomeno di viralità può amplificare comportamenti negativi, come la diffusione di messaggi offensivi o la condivisione di immagini private senza consenso. La velocità e la portata della diffusione possono rendere il cyberbullismo particolarmente devastante per i giovani.

Viralità e Cyberbullismo

La viralità è un concetto chiave nel mondo digitale, dove le informazioni possono propagarsi a una velocità sorprendente. Questo è particolarmente rilevante nel contesto del cyberbullismo, dove un singolo messaggio o un'immagine può essere condivisa e vista da migliaia di persone in pochissimo tempo. La natura virale delle piattaforme online significa che un contenuto può passare da un piccolo gruppo di persone a una vasta audience in pochi clic.

L'Impatto della Viralità

Per un ragazzo o una ragazza, la viralità può avere conseguenze particolarmente gravi. Immagina di essere vittima di un messaggio offensivo o di un'immagine imbarazzante condivisa senza il tuo consenso. In un ambiente offline, questo contenuto potrebbe essere limitato a un piccolo gruppo di persone. Tuttavia, online, può essere visto e condiviso da un numero illimitato di utenti, amplificando l'umiliazione e il danno emotivo.

La Velocità della Diffusione

La velocità con cui i contenuti si diffondono online è un altro fattore cruciale. In pochi minuti, un messaggio o un'immagine può essere condivisa centinaia di volte, raggiungendo persone che la vittima potrebbe non conoscere nemmeno. Questa rapida diffusione non solo amplifica l'impatto emotivo del cyberbullismo, ma rende anche estremamente difficile controllare o rimuovere il contenuto una volta che è stato pubblicato.

La Portata della Diffusione

La portata della diffusione è un altro aspetto preoccupante. A differenza dei contesti offline, dove le voci o i pettegolezzi possono essere limitati a un certo gruppo sociale, online non ci sono confini geografici o sociali. Un contenuto può essere visto da persone in tutto il mondo, aumentando il senso di esposizione e vulnerabilità della vittima. Questo può portare a un isolamento sociale ancora più profondo, poiché la vittima può sentire che non c'è alcun luogo sicuro dove sfuggire al bullismo.

Conclusione

La viralità è un fenomeno che può trasformare un singolo atto di cyberbullismo in un'esperienza devastante per la vittima. La velocità e la portata della diffusione dei contenuti online rendono il cyberbullismo particolarmente pericoloso e difficile da controllare. È fondamentale educare i giovani sui rischi della viralità e promuovere un uso responsabile e consapevole delle piattaforme digitali. Solo attraverso la comprensione e la prevenzione possiamo sperare di mitigare gli effetti negativi del cyberbullismo e creare un ambiente online più sicuro e solidale per tutti.

Mancanza di Supervisione Adulta

La mancanza di supervisione adulta è un fattore cruciale che può peggiorare la situazione:

Monitoraggio e Intervento

Nei contesti tradizionali, come la scuola o il parco giochi, gli adulti possono intervenire rapidamente per fermare comportamenti negativi e offrire supporto alle vittime. Tuttavia, online, la supervisione è più difficile da implementare. I genitori e gli insegnanti possono non essere sempre consapevoli di ciò che accade nelle comunicazioni digitali dei loro figli o studenti.

Educazione Digitale

Molti adulti non sono pienamente consapevoli delle dinamiche e dei rischi del mondo digitale. Senza una comprensione adeguata, possono risultare meno efficaci nel fornire guida e supporto ai giovani. L'educazione digitale è essenziale per insegnare sia agli adulti che ai giovani come navigare in modo sicuro e responsabile nel mondo online.

La Necessità di Educazione Digitale

In un'epoca in cui la tecnologia permea ogni aspetto della vita quotidiana, è cruciale che gli adulti acquisiscano una comprensione profonda delle dinamiche e dei rischi del mondo digitale. Questo non riguarda solo la conoscenza tecnica, ma anche la capacità di comprendere le implicazioni sociali e psicologiche dell'uso della tecnologia. Senza questa consapevolezza, gli adulti possono trovare difficile fornire un supporto adeguato ai giovani, che spesso sono i primi ad adottare nuove tecnologie e piattaforme.

Dinamiche del Mondo Digitale

Le dinamiche del mondo digitale sono complesse e mutevoli. Le piattaforme sociali, i giochi online e le app di messaggistica offrono infinite opportunità di interazione, ma anche numerosi rischi. Gli adulti devono essere consapevoli di come queste piattaforme funzionano, quali sono le loro politiche di sicurezza e privacy, e come i giovani le utilizzano. Questo include la comprensione di fenomeni come il cyberbullismo, la diffusione di contenuti inappropriati e le pratiche di marketing ingannevoli.

Rischi e Pericoli Online

I rischi del mondo digitale sono molteplici e possono avere gravi conseguenze sulla salute mentale e sul benessere dei giovani. Il cyberbullismo, ad esempio, può causare ansia, depressione e isolamento sociale. La diffusione di immagini private senza consenso può portare a umiliazione e perdita di fiducia in se stessi. Inoltre, la dipendenza da videogiochi e social media può influire negativamente sulle prestazioni scolastiche e sulle relazioni interpersonali.

Il Ruolo degli Adulti

Gli adulti giocano un ruolo fondamentale nella protezione dei giovani dai rischi del mondo digitale. Tuttavia, senza una comprensione adeguata delle dinamiche e dei pericoli online, possono risultare meno efficaci nel fornire guida e supporto. È essenziale che gli adulti si educhino continuamente sulle nuove tecnologie e tendenze digitali, in modo da essere in grado di offrire un supporto informato e responsabile.

L'Educazione Digitale Come Soluzione

L'educazione digitale è la chiave per affrontare queste sfide. Insegnare agli adulti e ai giovani come navigare in modo sicuro e responsabile nel mondo online è fondamentale per creare un ambiente digitale più protetto e consapevole. Questo include l'educazione su temi come la sicurezza online, la protezione dei dati personali, il riconoscimento di comportamenti pericolosi e l'uso responsabile delle piattaforme digitali.

Programmi Educativi e Campagne di Sensibilizzazione

Programmi educativi e campagne di sensibilizzazione possono essere strumenti efficaci per promuovere l'educazione digitale. Questi programmi dovrebbero essere mirati sia agli adulti che ai giovani, in modo da garantire che tutti abbiano le conoscenze necessarie per navigare in sicurezza nel mondo online. Le scuole, le comunità e le organizzazioni possono collaborare per sviluppare e implementare questi programmi, assicurando che siano accessibili e rilevanti per tutti.

Coinvolgimento delle Famiglie

Il coinvolgimento delle famiglie è cruciale per il successo dell'educazione digitale. I genitori devono essere incoraggiati a partecipare attivamente all'educazione digitale dei loro figli, monitorando le loro attività online e mantenendo un dialogo aperto sulle esperienze digitali. Questo può includere la definizione di regole chiare sull'uso dei dispositivi digitali, la supervisione delle attività online e la promozione di un uso equilibrato della tecnologia.

Supporto Psicologico e Sociale

Oltre all'educazione, è importante fornire supporto psicologico e sociale ai giovani che sono vittime di cyberbullismo o altre forme di abuso online. Terapie cognitive-comportamentali, gruppi di supporto e consulenze individuali possono essere particolarmente utili per aiutare i giovani a superare le esperienze negative e a sviluppare resilienza.

Conclusione

In conclusione, l'educazione digitale è essenziale per insegnare sia agli adulti che ai giovani come navigare in modo sicuro e responsabile nel mondo online. Senza una comprensione adeguata delle dinamiche e dei rischi del mondo digitale, gli adulti possono risultare meno efficaci nel fornire guida e supporto. È fondamentale che gli adulti si educhino continuamente sulle nuove tecnologie e tendenze digitali, in modo da essere in grado di offrire un supporto informato e responsabile. Attraverso programmi educativi, campagne di sensibilizzazione e il coinvolgimento delle famiglie, possiamo creare un ambiente digitale più sicuro e consapevole per tutti.

La "sconfitta della società" nel contesto del cyberbullismo riflette un fallimento collettivo nel creare ambienti digitali sicuri e inclusivi. La mancanza di interazione faccia a faccia, il ridotto senso di comunità, le dinamiche sociali online e la mancanza di supervisione adulta contribuiscono tutti a un ambiente meno empatico e più aggressivo. Per affrontare questa sfida, è necessario un impegno collettivo per promuovere l'educazione digitale, il supporto psicologico e politiche efficaci contro il cyberbullismo.

Caratteristiche del Cyberbullismo

A differenza del bullismo tradizionale, il cyberbullismo non è limitato dal tempo e dallo spazio. Può verificarsi in qualsiasi momento e in qualsiasi luogo, rendendo difficile per le vittime trovare un rifugio sicuro. Inoltre, la natura anonima delle interazioni online può rendere i cyberbulli più audaci e aggressivi, poiché si sentono protetti dall'anonimato. Questo anonimato può anche rendere più difficile identificare e affrontare i responsabili.

Il cyberbullismo può assumere molte forme, tra cui:

1. **Messaggi Minacciosi o Offensivi:** L'invio di messaggi di testo, email o messaggi sui social media che contengono insulti, minacce o commenti offensivi.

2. **Pubblicazione di Contenuti Imbarazzanti**: La condivisione di immagini, video o informazioni personali imbarazzanti senza il consenso della vittima.

3. **Esclusione Intenzionale:** L'esclusione deliberata di una persona da gruppi online, chat o altre piattaforme digitali.

4. **Creazione di Profili Falsi**: La creazione di profili falsi per diffamare o molestare la vittima.

5. **Doxing:** La divulgazione di informazioni personali o private della vittima, come l'indirizzo di casa o il numero di telefono, per esporla a ulteriori molestie.

Impatti Psicologici del Cyberbullismo

Il cyberbullismo può avere effetti profondi e duraturi sulla salute mentale e emotiva delle vittime. La psicologia infantile e adolescenziale ci insegna che i giovani sono particolarmente vulnerabili alle esperienze negative, poiché sono ancora in fase di sviluppo cognitivo ed emotivo. Le vittime di cyberbullismo possono sperimentare una serie di problemi psicologici, tra cui:

1. **Ansia e Stress**: La costante preoccupazione di essere molestati online può portare a livelli elevati di ansia e stress cronico. Le vittime possono sviluppare sintomi di ansia generalizzata, attacchi di panico e disturbi da stress post-traumatico (PTSD).

2. **Depressione**: Il cyberbullismo può portare a sentimenti di tristezza, disperazione e isolamento sociale, che possono sfociare in depressione clinica. Le vittime possono perdere interesse per le attività quotidiane, sperimentare cambiamenti nell'appetito e nel sonno, e avere pensieri negativi persistenti.

3. **Bassa Autostima**: Le molestie online possono erodere l'autostima delle vittime, facendole sentire inadeguate, indesiderate e senza valore. Questo può influenzare negativamente la loro percezione di sé e la loro capacità di interagire con gli altri.

4. **Pensieri Suicidi**: Nei casi più gravi, il cyberbullismo può portare a pensieri suicidi e comportamenti autolesionistici. Le vittime possono sentirsi intrappolate e senza speranza, vedendo il suicidio come l'unica via d'uscita dalla loro sofferenza.

Fattori di Rischio e Vulnerabilità

Diversi fattori possono aumentare la vulnerabilità dei giovani al cyberbullismo. Tra questi:

1. **Età:** I giovani adolescenti sono particolarmente vulnerabili al cyberbullismo, poiché sono in una fase di sviluppo in cui l'identità personale e sociale è in formazione.

2. **Genere**: Sebbene il cyberbullismo possa colpire persone di qualsiasi genere, alcune ricerche suggeriscono che le ragazze possono essere più vulnerabili a certi tipi di

cyberbullismo, come la diffusione di immagini imbarazzanti o la creazione di profili falsi.

3. **Ambiente Sociale:** I giovani che provengono da ambienti familiari o scolastici conflittuali possono essere più vulnerabili al cyberbullismo, poiché possono avere meno supporto sociale e risorse per affrontare le molestie.

4. **Uso dei Social Media**: L'uso intensivo dei social media e delle piattaforme di messaggistica può aumentare il rischio di esposizione al cyberbullismo, poiché queste piattaforme offrono ampie opportunità per le interazioni negative.

Interventi e Prevenzione

Affrontare il cyberbullismo richiede un approccio multidimensionale che coinvolga genitori, educatori, professionisti della salute mentale e le comunità. Ecco alcune strategie chiave per la prevenzione e l'intervento:

1. **Educazione e Sensibilizzazione**: Programmi educativi e campagne di sensibilizzazione possono aiutare i giovani a riconoscere i segnali del cyberbullismo, a comprendere le sue conseguenze e a sviluppare strategie per proteggersi.

2. **Supporto Psicologico:** Offrire supporto psicologico e terapie alle vittime di cyberbullismo può aiutare a mitigare gli effetti negativi sulla loro salute mentale e emotiva. Terapie cognitive-comportamentali, terapie di gruppo e consulenze individuali possono essere particolarmente utili.

3. **Regolamentazione e Politiche**: Implementare politiche scolastiche e comunitarie che affrontino il cyberbullismo in modo rigoroso e coerente può aiutare a prevenire e gestire le molestie online. Questo può includere la creazione di linee guida per l'uso sicuro della tecnologia, la formazione degli insegnanti e la collaborazione con le forze dell'ordine.

4. **Coinvolgimento dei Genitori:** I genitori giocano un ruolo cruciale nella prevenzione del cyberbullismo. Monitorare l'uso della tecnologia da parte dei figli, stabilire regole chiare per l'uso dei dispositivi digitali e mantenere un dialogo aperto sulle esperienze online possono aiutare a proteggere i giovani.

5. **Promozione di un Ambiente Positivo**: Creare un ambiente scolastico e familiare positivo e inclusivo può ridurre il rischio di cyberbullismo. Incoraggiare il rispetto, l'empatia e la collaborazione tra i giovani può promuovere relazioni sane e costruttive.

In conclusione, il cyberbullismo rappresenta una minaccia silenziosa ma pervasiva per i giovani di oggi. Le sue conseguenze possono essere devastanti per la salute mentale e emotiva delle vittime, richiedendo un approccio integrato e multidimensionale per la prevenzione e l'intervento. Attraverso l'educazione, il supporto psicologico, la regolamentazione e il coinvolgimento delle comunità, è possibile affrontare il problema del cyberbullismo e proteggere i giovani dai suoi effetti negativi.

Conseguenze del Cyberbullismo:

Ansia e Depressione: Le vittime di cyberbullismo possono sviluppare ansia e depressione a causa delle molestie costanti.

Isolamento Sociale: I giovani possono sentirsi isolati e soli, evitando le interazioni sociali per paura di ulteriori molestie.

Problemi Scolastici: Il cyberbullismo può influire negativamente sulle prestazioni scolastiche, con i giovani che faticano a concentrarsi sui loro studi.

Pensieri Suicidi: In casi estremi, il cyberbullismo può portare le vittime a pensieri suicidi.

Strategie per Gestire e Combattere il Gioco d'Azzardo Online

Educazione e Consapevolezza: Insegnare ai giovani i rischi del gioco d'azzardo online e come riconoscere i segnali di dipendenza.

Monitoraggio e Supervisione: Utilizzare strumenti di monitoraggio per tenere traccia delle attività online dei giovani e impostare limiti di tempo e contenuti.

Comunicazione Aperta: Incoraggiare i giovani a parlare apertamente delle loro esperienze online e a segnalare qualsiasi comportamento preoccupante.

Supporto e Intervento: Fornire supporto immediato e intervento quando si identificano segnali di dipendenza dal gioco d'azzardo online. Coinvolgere professionisti come psicologi o consulenti scolastici se necessario.

Strategie per Gestire e Combattere il Cyberbullismo
Educazione e Consapevolezza: Insegnare ai giovani cosa è il cyberbullismo e come riconoscere i segnali di molestie online.

Monitoraggio e Supervisione: Utilizzare strumenti di monitoraggio per tenere traccia delle interazioni online dei giovani e intervenire quando necessario.

Comunicazione Aperta: Incoraggiare i giovani a parlare delle loro esperienze online e a segnalare qualsiasi comportamento di cyberbullismo.

Supporto e Intervento: Fornire supporto immediato e intervento quando si identificano segnali di cyberbullismo. Coinvolgere professionisti come psicologi o consulenti scolastici se necessario.

Citazione: https://www.invalsiopen.it

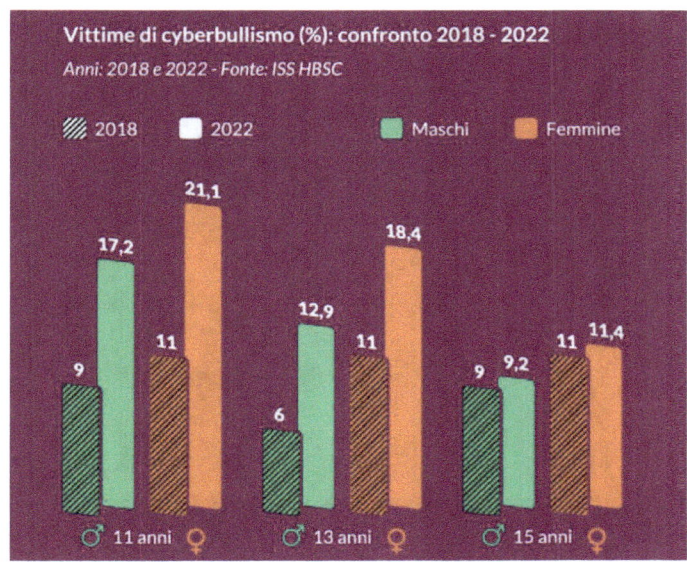

Citazione: https://www.dipendenze.com

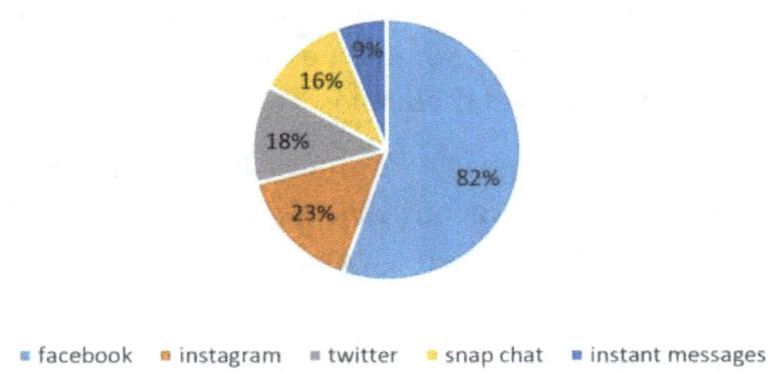

Dati della sorveglianza Health Behaviour in School-aged Children HBSC Italia 2022

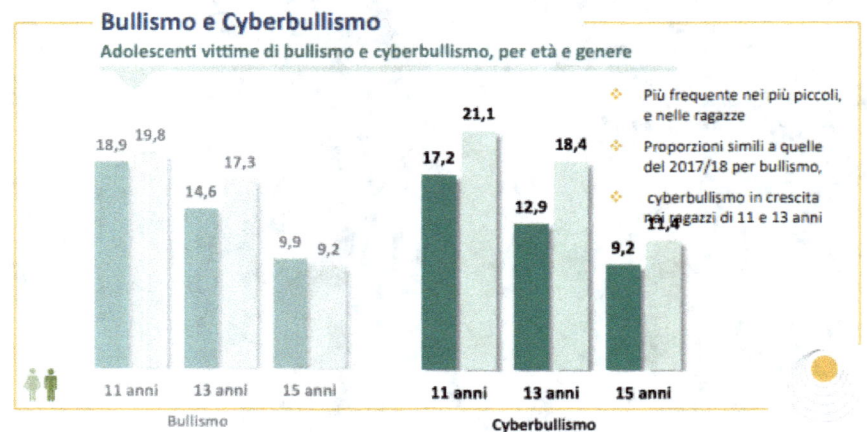

Riflessioni per i Genitori

I genitori giocano un ruolo cruciale nella protezione dei loro figli dai rischi del gioco d'azzardo online e del cyberbullismo. Ecco alcune riflessioni e consigli per i genitori:

Essere Informati: Informarsi sui rischi e sui segnali del gioco d'azzardo online e del cyberbullismo. Essere consapevoli delle piattaforme e delle app che i loro figli utilizzano.

Stabilire Regole Chiare: Stabilire regole chiare sull'uso dei dispositivi digitali e delle piattaforme online. Definire limiti di tempo e contenuti appropriati per l'età dei loro figli.

Comunicare Apertamente: Mantenere una comunicazione aperta e onesta con i loro figli. Incoraggiarli a parlare delle loro esperienze online e a segnalare qualsiasi comportamento preoccupante.

Monitorare le Attività Online: Utilizzare strumenti di monitoraggio per tenere traccia delle attività online dei loro figli. Essere vigili sui segnali di gioco d'azzardo online o cyberbullismo.

Fornire Supporto: Offrire supporto e guida ai loro figli se si trovano in una situazione difficile. Coinvolgere professionisti se necessario e creare un ambiente di fiducia e sicurezza.

In conclusione, il gioco d'azzardo online e il cyberbullismo sono problemi seri che richiedono attenzione e intervento. Educare i giovani sui rischi, monitorare le loro attività online, e fornire supporto quando necessario sono passi cruciali per proteggerli e aiutarli a navigare in sicurezza nel mondo digitale. I genitori hanno un ruolo fondamentale nel creare un ambiente sicuro e di supporto per i loro figli, e con le giuste strategie e comunicazione, possono fare la differenza nella vita dei giovani.

Considerazione Personale

Tutto inizia con l'emulazione; parte tutto da lì. Come detto in precedenza, siamo sempre più soli e cerchiamo il mondo al di fuori di noi nel modo più rapido e comodo possibile. Lo smartphone o il tablet è sicuramente un mezzo che ci aiuta in questo. Abbiamo la possibilità, senza alcun tipo di impegno iniziale, di riconoscere tanta gente senza bisogno di contatto fisico né dell'imbarazzante situazione in cui siamo uno di fronte all'altro. Possiamo saltare anche la fase in cui il vederci ci fa giudicare. Siamo dietro a uno schermo e non ci vedono! E così iniziamo a seguire qualche pseudo influencer, e magari è uno di quelli che fa i contest. Non mi riferisco a cose complesse, ma anche a cose stupide che fanno più che altro ridere. E lì parte la voglia di emulazione. I contest, ne troverete a migliaia. E sembra incredibile, ma si parte proprio da lì.

Mia figlia, qualche anno fa, mi mise in croce con lo slime. Aveva visto questa coppia di ragazzi che lo creavano e si sfidavano a farlo dei più disparati tipi. Finché non lo comprai, lei capì che era tutta una cavolata, un gioco che durava niente. Ma ho capito che quello era l'inizio di un pericoloso macro gioco: l'emulazione. Per cui lì sono intervenuto, cercando di condividere con lei i video che vedeva e spiegandole cosa era vero e cosa no.

Lo so, sembra molto lontano come punto di partenza per il gioco d'azzardo e le ludopatie, ma si parte dal veramente minuscolo per arrivare all'immensamente grande. E il cyberbullismo è un fenomeno che ha sempre la stessa partenza: il nulla più insignificante. Ma l'aspettativa e la delusione, accompagnate da quella sensazione di solitudine, fanno poi il resto. Il bullizzato rimane comunque un ragazzo/a problematico tanto quanto il "bullizzatore", che è un ragazzo/a che ha problemi di interfaccia con gli altri, non sa come interfacciarsi e alza barriere difensive e una strategia di attacco per cercare di difendersi da una situazione che non riesce a controllare. Sfociando, appunto, nel cyberbullismo.

La cosa più incredibile di queste nuove situazioni è l'importanza che si dà a tutto. Tanto più c'è focus, maggiore sarà l'impatto.

Il consiglio più importante rimane comunque quello di affidarsi ad esperti che siano davvero in grado di aiutare la famiglia e il ragazzo/a. Fondamentalmente, e fin troppo spesso, a un ragazzo problematico è associata una famiglia che ha bisogno di aiuto. E badate bene, lasciare che il bambino/a venga educato da video o giochi online è qualcosa che implica che la famiglia ha davvero bisogno d'aiuto. Credo che questo sia il vero punto nodale di tutto. Stiamo abbandonando sempre più i nostri figli nella loro solitudine. Vuoi per il tempo che ci impegna tutto il resto, vuoi perché alla fine la figura carismatica del papà e della mamma come erano 20, 30 anni fa, sono praticamente scomparse. Vuoi perché in effetti, siamo diventati, anche noi genitori, sempre più soli.

Capitolo 5: Realtà vs. Social: Il Doppio Volto della Tecnologia
Analisi delle Differenze e Impatti Psicologici

Analisi delle Differenze e Impatti Psicologici

La tecnologia ha trasformato radicalmente il modo in cui viviamo, comunichiamo e interagiamo con il mondo. I social media, in particolare, hanno creato un nuovo spazio virtuale in cui le persone possono connettersi, condividere esperienze e costruire relazioni. Tuttavia, questa nuova realtà digitale presenta anche una serie di sfide e problemi che possono avere impatti significativi sulla nostra psiche e sul nostro benessere sociale. In questo capitolo, esploreremo le differenze tra la realtà e i social media e analizzeremo gli impatti psicologici e sociali che ne derivano.

Analisi delle Differenze tra Realtà e Social Media

La Realtà: Un Mondo Complesso e Multidimensionale

La realtà è il mondo fisico che ci circonda, un ambiente in cui le interazioni avvengono faccia a faccia, le esperienze sono tangibili e le relazioni sono concrete. Questo mondo è caratterizzato da una ricchezza di dettagli e sfumature che non possono essere completamente catturati attraverso uno schermo. La realtà è un luogo in cui le emozioni e le reazioni sono immediate e visibili, e le conseguenze delle nostre azioni sono spesso evidenti e tangibili.

Interazioni Faccia a Faccia

Le interazioni faccia a faccia sono il cuore della comunicazione umana. Quando parliamo con qualcuno di persona, possiamo osservare le espressioni facciali, i gesti, il tono della voce e il linguaggio del corpo. Questi elementi paraverbali ci forniscono un contesto ricco e sfaccettato che ci aiuta a comprendere meglio le emozioni e le intenzioni dell'altra persona. Ad esempio, un sorriso genuino, un cenno del capo o un tocco leggero sulla spalla possono trasmettere empatia, comprensione o supporto in modi che le parole da sole non possono esprimere.

Esperienze Tangibili

Le esperienze tangibili sono quelle che coinvolgono tutti i nostri sensi. Quando viviamo un'esperienza reale, possiamo vedere, sentire, toccare, odorare e gustare il mondo intorno a noi. Queste esperienze sensoriali ci permettono di immergerci completamente nell'ambiente e di creare ricordi vividi e duraturi. Ad esempio, una passeggiata in un parco, una cena con amici o una visita a un museo sono tutte esperienze che coinvolgono i nostri sensi e ci permettono di vivere il momento in modo completo e autentico.

Relazioni Concrete

Le relazioni concrete sono quelle che si sviluppano nel tempo attraverso interazioni continue e significative. Queste relazioni sono costruite su una base di fiducia, comprensione e reciprocità. Nel mondo reale, le relazioni sono dinamiche e in continua evoluzione e richiedono impegno, pazienza e comunicazione aperta. Ad esempio, un'amicizia che si sviluppa attraverso anni di condivisione di esperienze, conversazioni profonde e supporto reciproco è una relazione concreta e significativa.

Emozioni e Reazioni Immediate

Nel mondo reale, le emozioni e le reazioni sono immediate e visibili. Quando qualcuno ride, piange, si arrabbia o si emoziona, possiamo vedere e sentire queste emozioni in tempo reale. Questa immediatezza ci permette di rispondere in modo appropriato e di adattare il nostro comportamento di conseguenza. Ad esempio, se un amico ci mostra segni di tristezza o preoccupazione, possiamo offrire supporto e conforto immediato, creando un legame più profondo e significativo.

Conseguenze Evidenti

Le conseguenze delle nostre azioni sono spesso evidenti e tangibili nel mondo reale. Quando prendiamo una decisione o compiamo un'azione, possiamo vedere e sperimentare direttamente le ripercussioni. Questo feedback immediato ci permette di imparare e crescere, adattando il nostro comportamento futuro in base alle lezioni apprese. Ad esempio, se facciamo un errore al lavoro, possiamo vedere le conseguenze delle nostre azioni e imparare a correggerle per evitare errori simili in futuro.

Complessità e Multidimensionalità

La realtà è complessa e multidimensionale. È un mondo in cui ogni esperienza, interazione e relazione è influenzata da una miriade di fattori, tra cui il contesto culturale, sociale, economico e personale. Questa complessità ci permette di sviluppare una comprensione profonda e sfaccettata del mondo e delle persone che ci circondano. Ad esempio, comprendere le dinamiche di una famiglia, le sfide di una comunità o le complessità di un ambiente di lavoro richiede una comprensione multidimensionale che va oltre le apparenze superficiali.

Conclusione

La realtà è un mondo ricco e complesso che ci offre esperienze tangibili, interazioni significative e relazioni profonde. È un luogo in cui le emozioni e le reazioni sono immediate e visibili e le conseguenze delle nostre azioni sono spesso evidenti. Questa complessità e multidimensionalità ci permettono di sviluppare una comprensione profonda e sfaccettata del mondo e delle persone che ci circondano. Abbracciare la realtà in tutta la sua ricchezza ci aiuta a vivere vite più autentiche, significative e connesse.

I Social Media

I social media rappresentano un mondo virtuale in cui le interazioni avvengono attraverso schermi e tastiere. Questo ambiente digitale è caratterizzato da una comunicazione spesso superficiale e frammentata, in cui le emozioni e le reazioni sono filtrate e manipolate attraverso immagini, testi e video. Sebbene i social media offrano una piattaforma per la costruzione di identità digitali e la condivisione di esperienze, essi possono anche facilitare la diffusione di informazioni false e la creazione di aspettative irrealistiche. Esploriamo più in dettaglio questi aspetti.

Interazioni attraverso Schermi e Tastiere

Le interazioni sui social media avvengono principalmente attraverso dispositivi digitali come smartphone, tablet e computer. Questo significa che la comunicazione è mediata da schermi e tastiere, piuttosto che da contatti faccia a faccia. Questa mediazione può limitare la profondità e la ricchezza delle interazioni umane, poiché molte sfumature emotive e non verbali vengono perse.

Limitazioni della Comunicazione Digitale

Assenza di Linguaggio Paraverbale

Nelle interazioni faccia a faccia, il linguaggio del corpo, le espressioni facciali e il tono della voce forniscono un contesto ricco e significativo. Nei social media, questi elementi sono assenti, rendendo più difficile comprendere le vere intenzioni e le emozioni delle persone. Ad esempio, un messaggio scritto può essere interpretato in modi molto diversi a seconda dello stato d'animo del lettore, portando a fraintendimenti e malintesi.

Frammentazione della Comunicazione

La comunicazione sui social media è spesso frammentata e discontinua. I messaggi sono brevi e spesso interrotti da altre notifiche o attività online. Questo può rendere difficile seguire una conversazione coerente e approfondita. Ad esempio, una discussione importante può essere interrotta da notifiche di altre app o da messaggi di altre persone, frammentando ulteriormente la comunicazione.

Comunicazione Superficiale e Manipolata

La comunicazione sui social media è spesso superficiale e manipolata, in cui le emozioni e le reazioni sono filtrate e manipolate attraverso immagini, testi e video. Questo può portare a una rappresentazione distorta della realtà e delle persone.

Filtraggio e Manipolazione

Immagini Ritoccate

Le immagini sui social media sono spesso ritoccate e filtrate per presentare una versione idealizzata della realtà. Questo può creare aspettative irrealistiche e portare a sentimenti di inadeguatezza e insicurezza. Ad esempio, le foto ritoccate di influencer e celebrità possono far sentire le persone comuni come se non fossero all'altezza degli standard di bellezza e successo.

Testi e Video Manipolati

I testi e i video possono essere manipolati per trasmettere messaggi specifici o per influenzare le opinioni delle persone. Questo può portare alla diffusione di informazioni false o fuorvianti. Ad esempio, i video di notizie false o di teorie del complotto possono diffondersi rapidamente sui social media, creando confusione e disinformazione.

Costruzione di Identità Digitali

I social media offrono una piattaforma per la costruzione di identità digitali. Le persone possono creare e curare una versione online di sé stesse, scegliendo quali aspetti della loro vita e personalità mostrare al pubblico. Questo può portare a una rappresentazione frammentata e manipolata della propria identità.

Aspetti della Costruzione di Identità Digitale

Selezione e Curatela

Le persone possono scegliere di mostrare solo i lati migliori della loro vita e nascondere le loro debolezze e insicurezze. Questo può portare a una rappresentazione inautentica e superficiale della propria identità. Ad esempio, un profilo social media può mostrare solo momenti felici e di successo, nascondendo le difficoltà e i momenti di vulnerabilità.

Influenza degli Algoritmi

Gli algoritmi dei social media possono influenzare la visibilità e la diffusione dei contenuti, privilegiando certi tipi di post e utenti rispetto ad altri. Questo può portare a una rappresentazione distorta della realtà e delle persone. Ad esempio, i contenuti che generano più interazioni (like, commenti, condivisioni) possono essere mostrati più frequentemente, indipendentemente dalla loro autenticità o valore.

Diffusione di Informazioni False e Creazione di Aspettative Irrealistiche

I social media possono facilitare la diffusione di informazioni false e la creazione di aspettative irrealistiche. Questo può avere effetti negativi sulla percezione della realtà e sul benessere psicologico delle persone.

Diffusione di Informazioni False

Notizie False e Teorie del Complotto

Le notizie false e le teorie del complotto possono diffondersi rapidamente sui social media, creando confusione e disinformazione. Questo può avere conseguenze gravi, come la diffusione di panico o la polarizzazione delle opinioni. Ad esempio, durante la pandemia di COVID-19, molte informazioni false e teorie del complotto sono state diffuse sui social media, creando confusione e sfiducia nelle autorità sanitarie.

Manipolazione dell'Opinione Pubblica

I social media possono essere utilizzati per manipolare l'opinione pubblica attraverso la diffusione di informazioni false o parziali. Questo può avere effetti negativi sulla democrazia e sulla società. Ad esempio, le campagne di disinformazione possono influenzare le elezioni o creare divisioni sociali, polarizzando ulteriormente le opinioni delle persone.

Creazione di Aspettative Irrealistiche

Standard di Bellezza e Successo

Le immagini e i video ritoccati e manipolati possono creare aspettative irrealistiche riguardo alla bellezza e al successo. Questo può portare a sentimenti di inadeguatezza e insicurezza, specialmente tra i giovani. Ad esempio, le foto ritoccate di influencer e celebrità possono far sentire le persone comuni come se non fossero all'altezza degli standard di bellezza e successo.

Pressione Sociale

La costante esposizione a vite apparentemente perfette sui social media può creare una pressione sociale per apparire e comportarsi in modi specifici. Questo può portare a stress, ansia e problemi di autostima. Ad esempio, la pressione di ottenere un certo numero di like o follower può portare le persone a sentirsi inadeguate o insicure se non riescono a raggiungere questi obiettivi.

Conclusione

I social media rappresentano un mondo virtuale in cui le interazioni avvengono attraverso schermi e tastiere. Questo ambiente digitale è caratterizzato da una comunicazione spesso superficiale e frammentata, in cui le emozioni e le reazioni sono filtrate e manipolate attraverso immagini, testi e video. Sebbene i social media offrano una piattaforma per la costruzione di identità digitali e la condivisione di esperienze, essi possono anche facilitare la diffusione di informazioni false e la creazione di aspettative irrealistiche. È importante essere consapevoli di questi limiti e utilizzare i social media in modo responsabile e critico, per sfruttare al meglio le loro potenzialità e mitigare i rischi.

Differenze Chiave

Immediatezza vs. Mediatezza

- **Realtà:** Le interazioni sono immediate e dirette.
- **Social Media:** Le interazioni sono mediate attraverso dispositivi digitali.

Profondità vs. Superficialità

- **Realtà:** Le relazioni sono profonde e complesse.
- **Social Media:** Le relazioni sono spesso superficiali e basate su apparenze.

Autenticità vs. Artificiosità

- **Realtà:** Le esperienze sono autentiche e tangibili.
- **Social Media:** Le esperienze sono spesso artificiali e manipolate.

La Comunicazione sui Social Media: Un Limite Invalicabile

I social media ci hanno aperto le porte del mondo, permettendoci di connetterci con persone di ogni angolo del pianeta. Tuttavia, questa connessione virtuale ha un limite significativo: non tiene conto del linguaggio paraverbale, ovvero il linguaggio del corpo che esprime lo stato d'animo sia di chi scrive che di chi legge. Questo limite è un potente ostacolo che i social media non sono in grado di superare.

L'Importanza del Linguaggio Paraverbale

Il linguaggio paraverbale, che include espressioni facciali, gesti, tono della voce e postura, è una parte cruciale della comunicazione umana. Esso fornisce contesto e profondità alle nostre parole, aiutandoci a comprendere meglio le emozioni e le intenzioni degli altri. Senza questo contesto, la comunicazione può diventare ambigua e soggetta a fraintendimenti.

Impatto sulla Comprensione

Quando comunichiamo attraverso i social media, perdiamo gran parte di questo contesto paraverbale. Un messaggio scritto può essere interpretato in modi molto diversi a seconda dello stato d'animo del lettore. Ad esempio, un commento che potrebbe sembrare sarcastico in un contesto faccia a faccia potrebbe essere interpretato come serio o offensivo quando letto su uno schermo. Questo può portare a malintesi, conflitti e, in casi estremi, a forme di cyberbullismo.

Testimonianze di Giovani Utenti e Adulti

Per comprendere meglio le differenze tra la realtà e i social media, è utile ascoltare le testimonianze di giovani utenti e adulti che utilizzano regolarmente queste piattaforme.

Giovani Utenti

Maria, 16 anni: "I social media mi permettono di connettermi con i miei amici e di seguire le loro vite, ma a volte mi sento come se stessi vivendo una vita parallela. Le foto e i video che vedo sono spesso ritoccati e perfetti, e mi sento sotto pressione per apparire allo stesso modo. Inoltre, è difficile capire il vero significato di un messaggio senza vedere l'espressione facciale o sentire il tono della voce di chi lo ha scritto."

Luca, 18 anni: "Sui social media, posso essere chiunque voglio essere. Posso mostrare solo i miei lati migliori e nascondere le mie debolezze. Ma a volte mi sento come se stessi vivendo una menzogna. Non riesco a capire se gli altri mi apprezzano davvero o se stanno solo recitando una parte."

Adulti

Giovanni, 35 anni: "I social media mi permettono di rimanere in contatto con amici e familiari che vivono lontano, ma a volte mi sento come se stessi perdendo il contatto con la realtà. Le interazioni online sono spesso superficiali e mancano di profondità. Inoltre, è facile fraintendere i messaggi senza il contesto del linguaggio del corpo e del tono della voce."

Laura, 40 anni: "Come genitore, sono preoccupata per l'uso che i miei figli fanno dei social media. Vedo quanto possono essere influenzati dalle immagini e dai messaggi che vedono online, e mi chiedo se stanno sviluppando una visione distorta della realtà. Inoltre, è difficile per loro comprendere le vere intenzioni delle persone senza il contesto del linguaggio paraverbale."

Discussione sugli Effetti Psicologici e Sociali

Gli effetti psicologici e sociali dei social media sono complessi e multifaccettati. Da un lato, possono offrire opportunità di connessione e condivisione, ma dall'altro possono anche portare a problemi di autostima, ansia e isolamento sociale.

Effetti Psicologici

Autostima

I social media possono influenzare negativamente l'autostima, in particolare tra i giovani. Le immagini ritoccate e i messaggi manipolati possono creare aspettative irrealistiche e portare a sentimenti di inadeguatezza. La costante esposizione a vite apparentemente perfette può causare ansia e depressione, in quanto le persone possono sentirsi inferiori o incapaci di raggiungere gli stessi standard.

Ansia

La pressione di apparire perfetti e di ottenere approvazione sociale può causare ansia. La paura di non essere all'altezza delle aspettative può portare a stress e insicurezza. La dipendenza dai social media può causare ansia da separazione, in quanto le persone possono sentirsi ansiose se non riescono a controllare costantemente il proprio feed.

Isolamento Sociale

Nonostante la connessione costante, i social media possono anche portare a un senso di isolamento. Le interazioni online sono spesso superficiali e mancano della profondità e dell'intimità delle relazioni faccia a faccia. La dipendenza dai social media può portare a una riduzione del tempo dedicato alle attività sociali reali, contribuendo ulteriormente all'isolamento.

Effetti Sociali

Comunicazione

I social media hanno cambiato il modo in cui comunichiamo, rendendo le interazioni più rapide e meno personali. La comunicazione attraverso messaggi di testo e immagini può mancare della ricchezza emotiva delle interazioni faccia a faccia. La diffusione di informazioni false e la manipolazione dei messaggi possono portare a una perdita di fiducia nella comunicazione e nelle relazioni.

Relazioni

I social media possono influenzare le relazioni, rendendole più superficiali e basate sull'apparenza. Le interazioni online possono mancare della profondità e dell'intimità delle relazioni faccia a faccia. La costante esposizione a vite apparentemente perfette può portare a invidia e competizione, danneggiando le relazioni reali.

Società

I social media possono contribuire a una visione distorta della realtà, in cui le apparenze e le immagini manipolate diventano più importanti delle esperienze autentiche. La diffusione di informazioni false e la manipolazione dei messaggi possono portare a una perdita di fiducia nella società e nelle istituzioni.

In conclusione, i social media rappresentano un'arma a doppio taglio. Offrono opportunità di connessione e condivisione, ma possono anche portare a problemi di autostima, ansia e isolamento sociale. È importante essere consapevoli delle differenze tra la realtà e i social media e comprendere gli impatti psicologici e sociali che ne derivano. Solo attraverso una maggiore consapevolezza e un uso responsabile possiamo sfruttare al meglio le potenzialità dei social media e mitigare i rischi.

Gli Influencer: Realtà, Fantasia e Aspettative

Introduzione

Gli influencer sono diventati una figura centrale nel panorama dei social media, influenzando le abitudini di consumo, le tendenze culturali e le percezioni sociali. Tuttavia, dietro l'apparente glamour e successo, si nascondono una serie di problemi e sfide che riguardano sia chi svolge questo tipo di lavoro sia chi segue un influencer. In questo capitolo, esploreremo gli aspetti sociologici del fenomeno degli influencer, le aspettative di chi affronta questo tipo di lavoro e le aspettative di chi segue un influencer, soffermandoci sulla realtà e sulla fantasia di questo movimento.

Chi Sono gli Influencer?

Gli influencer sono individui che hanno costruito una presenza significativa sui social media, grazie alla loro capacità di influenzare le opinioni e i comportamenti del loro pubblico. Essi utilizzano piattaforme come Instagram, YouTube, TikTok e Facebook per condividere contenuti che spaziano dalla moda alla bellezza, dal fitness alla cucina, e molto altro. La loro influenza deriva dalla fiducia e dall'affinità che riescono a stabilire con i loro follower, creando un legame emotivo che va oltre la semplice condivisione di contenuti.

Riferimenti Sociologici

Il fenomeno degli influencer può essere analizzato attraverso diverse lenti sociologiche, tra cui la teoria della rappresentazione simbolica e la teoria dell'identità sociale.

Teoria della Rappresentazione Simbolica

La teoria della rappresentazione simbolica, proposta da sociologi come Erving Goffman, suggerisce che le persone costruiscono la loro identità sociale attraverso la presentazione di sé. Gli influencer, in questo contesto, sono maestri nella costruzione di identità digitali che risuonano con il loro pubblico. Essi curano attentamente la loro immagine, selezionando e manipolando i contenuti per presentare una versione idealizzata di sé stessi. Questo processo di "mise en scène" (messa in scena) crea una narrazione coerente e attraente che i follower possono seguire e imitare.

Teoria dell'Identità Sociale

La teoria dell'identità sociale, sviluppata da Henri Tajfel e John Turner, esplora come le persone costruiscono la loro identità attraverso l'appartenenza a gruppi sociali. Gli influencer svolgono un ruolo cruciale nel creare comunità online, offrendo ai loro follower un senso di appartenenza e identificazione. I follower si identificano con gli influencer non solo per i contenuti che condividono, ma anche per i valori e gli stili di vita che rappresentano. Questo crea un legame emotivo che può influenzare profondamente le percezioni e i comportamenti dei follower.

Aspettative di Chi Affronta il Lavoro di Influencer

Diventare un influencer è spesso visto come un percorso verso la fama e la fortuna, ma la realtà è molto più complessa e sfidante.

Pressione della Perfezione

Gli influencer sono costantemente sotto pressione per mantenere un'immagine perfetta. Ogni post deve essere curato nei minimi dettagli, con foto e video di alta qualità, luci perfette e scenari impeccabili. Questa pressione può portare a stress, ansia e burnout, poiché gli influencer devono costantemente adattarsi alle aspettative dei loro follower e dei brand con cui collaborano.

Autenticità vs. Manipolazione

Uno dei principali dilemmi per gli influencer è il bilanciamento tra autenticità e manipolazione. Da un lato, i follower apprezzano l'autenticità e la trasparenza. Dall'altro, gli influencer devono spesso manipolare i contenuti per soddisfare le aspettative dei brand e mantenere l'interesse del pubblico. Questo può creare un conflitto interno, in cui gli influencer si sentono costretti a presentare una versione idealizzata di sé stessi, sacrificando la loro autenticità.

Instabilità e Incertezza

Il lavoro di influencer è caratterizzato da una grande instabilità e incertezza. La popolarità e il successo possono essere effimeri, e gli influencer devono costantemente adattarsi ai cambiamenti degli algoritmi delle piattaforme social e alle tendenze del momento. Questo può portare a una sensazione di insicurezza e instabilità, poiché il futuro professionale è spesso incerto.

La Ricerca della Perfezione

Uno degli aspetti più sfidanti del lavoro di influencer è la costante ricerca della perfezione. Gli influencer devono mantenere un'immagine impeccabile, curando attentamente ogni dettaglio dei loro contenuti. Ogni foto, video e post devono essere di alta qualità, con luci perfette e scenari impeccabili. Questo processo richiede una grande quantità di tempo e sforzo, e può portare a stress e ansia costanti.

Pressioni della Perfezione

Curatela dei Contenuti

Gli influencer devono dedicare ore a pianificare, scattare e editare i loro contenuti. Ogni post deve essere perfetto, senza errori o imperfezioni. Questo processo può essere estenuante e stressante, soprattutto quando i risultati non sono all'altezza delle aspettative. Ad esempio, un influencer di moda potrebbe dover scattare decine di foto per trovare quella perfetta, solo per poi doverla editare e ritoccarla per ore.

Aspettative dei Follower

I follower hanno aspettative molto alte riguardo ai contenuti degli influencer. Essi cercano ispirazione, bellezza e perfezione, e si aspettano che gli influencer mantengano sempre questi standard elevati. Questa pressione può portare a una sensazione costante di inadeguatezza e stress. Ad esempio, se un influencer non riesce a mantenere un'immagine perfetta, i follower possono perdere interesse e smettere di seguirlo.

Autenticità vs. Manipolazione

Uno dei principali dilemmi per gli influencer è il bilanciamento tra autenticità e manipolazione. Da un lato, i follower apprezzano l'autenticità e la trasparenza. Dall'altro, gli influencer devono spesso manipolare i contenuti per soddisfare le aspettative dei brand e mantenere l'interesse del pubblico. Questo può creare un conflitto interno, in cui gli influencer si sentono costretti a presentare una versione idealizzata di sé stessi, sacrificando la loro autenticità.

Il Conflitto dell'Autenticità

Manipolazione dei Contenuti

Gli influencer devono spesso manipolare i contenuti per soddisfare le aspettative dei brand e mantenere l'interesse del pubblico. Questo può portare a una perdita di autenticità, in cui gli influencer si sentono obbligati a presentare una versione idealizzata di sé stessi. Ad esempio, un influencer potrebbe sentirsi costretto a promuovere un prodotto che non utilizza realmente, solo per soddisfare le aspettative di un brand.

Bisogno di Trasparenza

I follower apprezzano l'autenticità e la trasparenza. Essi cercano nei contenuti degli influencer una rappresentazione veritiera e onesta della realtà. Tuttavia, gli influencer devono spesso bilanciare questa necessità di trasparenza con le aspettative dei brand e del pubblico. Ad esempio, un influencer potrebbe decidere di condividere un'esperienza personale difficile, ma deve farlo in un modo che non comprometta la sua immagine pubblica o le sue relazioni con i brand.

Instabilità e Incertezza

Il lavoro di influencer è caratterizzato da una grande instabilità e incertezza. La popolarità e il successo possono essere effimeri, e gli influencer devono costantemente adattarsi ai cambiamenti degli algoritmi delle piattaforme social e alle tendenze del momento. Questo può portare a una sensazione di insicurezza e instabilità, poiché il futuro professionale è spesso incerto.

Sfide dell'Instabilità

Cambiamenti degli Algoritmi

Gli algoritmi delle piattaforme social possono cambiare costantemente, influenzando la visibilità e la diffusione dei contenuti degli influencer. Questo può portare a una riduzione del pubblico e della popolarità, creando incertezza e stress. Ad esempio, un influencer potrebbe vedere una riduzione del numero di follower a causa di un cambiamento degli algoritmi di una piattaforma social.

Tendenze del Momento

Le tendenze e le mode cambiano rapidamente, e gli influencer devono costantemente adattarsi a questi cambiamenti. Questo può portare a una sensazione di instabilità, poiché il successo e la popolarità sono spesso legati a queste tendenze passeggere. Ad esempio, un influencer potrebbe diventare popolare per una tendenza di moda, ma potrebbe perdere popolarità quando questa tendenza passa di moda.

L'Impatto sulla Salute Mentale

Le pressioni e le sfide del lavoro di influencer possono avere un impatto significativo sulla salute mentale. Gli influencer possono soffrire di stress, ansia e depressione, a causa della costante ricerca della perfezione e della necessità di mantenere un'immagine ideale.

Problemi di Salute Mentale

Stress e Ansia

La costante pressione di mantenere un'immagine perfetta può portare a stress e ansia costante. Gli influencer possono sentirsi obbligati a lavorare costantemente, senza pause o momenti di riposo. Ad esempio, un influencer potrebbe sentirsi ansioso se non riesce a mantenere un'immagine perfetta o se non ottiene il numero di like e follower desiderato.

Depressione e Burnout

La costante ricerca della perfezione e la necessità di mantenere un'immagine ideale possono portare a depressione e burnout. Gli influencer possono sentirsi sopraffatti e esauriti, a causa della pressione di soddisfare le aspettative dei follower e dei brand. Ad esempio, un influencer potrebbe sentirsi depresso se non riesce a mantenere la popolarità o se si sente costretto a lavorare costantemente senza pause.

Fantasia vs. Realtà

Molti follower vedono gli influencer come modelli di vita perfetta e di successo. Tuttavia, questa percezione è spesso basata su una fantasia costruita attraverso contenuti curati e manipolati. La realtà degli influencer è spesso molto diversa, con sfide e difficoltà che non vengono mostrate sui social media. Questo divario tra fantasia e realtà può portare a delusioni e frustrazioni, poiché i follower si rendono conto che la vita degli influencer non è così perfetta come sembra.

Emulazione e Sentirsi Rappresentati

Uno degli aspetti più problematici del fenomeno degli influencer è l'emulazione. I follower cercano di emulare gli influencer nei loro comportamenti, scelte di vita e aspirazioni. Tuttavia, questa emulazione è spesso basata su una rappresentazione idealizzata e manipolata della realtà. I follower possono sentirsi rappresentati da un pensiero o uno stile di vita che, in realtà, non tiene conto di alcun contesto reale. Questo può portare a una percezione distorta della realtà e a comportamenti che non sono sostenibili o realistici.

Il Fenomeno della Musica Emergente: Il Movimento Trap

La musica trap è un genere emergente che ha guadagnato grande popolarità, specialmente tra i giovani. Questo genere musicale è caratterizzato da testi espliciti, ritmi accattivanti e una forte enfasi sull'espressione personale. La diffusione della musica trap nei social media ha creato un movimento culturale che ha influenzato profondamente le aspettative e i comportamenti dei giovani.

Diffusione della Musica Trap nei Social Media

Accessibilità e Visibilità

I social media hanno reso la musica trap accessibile a un pubblico globale. Piattaforme come YouTube, Instagram e TikTok permettono agli artisti trap di raggiungere milioni di persone in tutto il mondo. Questa visibilità ha contribuito a creare una cultura trap che trasforma le aspettative e i comportamenti dei giovani. Ad esempio, artisti trap come Travis Scott e Cardi B hanno utilizzato i social media per diffondere la loro musica e costruire un'immagine pubblica forte e influente.

Influenza sui Giovani

La musica trap spesso riflette esperienze di vita reale, come la povertà, la violenza e la lotta per il successo. Questi temi possono risuonare profondamente con i giovani che si trovano in situazioni simili, creando un senso di identificazione e appartenenza. Ad esempio, i testi della musica trap possono parlare di superare le difficoltà e raggiungere il successo, ispirando i giovani a seguire i loro sogni e a lottare per un futuro migliore.

Il Movimento di Protesta e Violenza del Ghetto e la Sua Pericolosa Deriva

Il movimento trap è strettamente legato al contesto socio-economico delle comunità urbane e dei ghetti. Questo genere musicale è spesso utilizzato come mezzo di espressione e protesta contro le ingiustizie sociali e la violenza. Tuttavia, la diffusione della cultura trap nei social media ha portato a una pericolosa deriva, in cui la violenza e la criminalità sono glorificate e normalizzate.

Pericolosa Deriva della Cultura Trap

Glorificazione della Violenza

La musica trap spesso glorifica la violenza e la criminalità, presentandole come mezzi per ottenere rispetto e successo. Questo può influenzare negativamente i giovani, portandoli a credere che la violenza sia una soluzione accettabile ai problemi della vita. Ad esempio, i testi della musica trap possono descrivere atti di violenza e criminalità in modo dettagliato e glorificato, creando un'immagine distorta della realtà.

Normalizzazione della Criminalità

La diffusione della cultura trap nei social media ha portato alla normalizzazione della criminalità. I giovani possono vedere la criminalità come un modo di vita accettabile e persino desiderabile, a causa dell'influenza della musica trap e degli influencer che promuovono questo stile di vita. Ad esempio, i video musicali trap spesso mostrano immagini di criminalità e violenza, presentandole come parte integrante della vita nel ghetto.

Conclusione

Il lavoro di influencer è spesso visto come un percorso verso la fama e la fortuna, ma la realtà è molto più complessa e sfidante. Dietro l'apparente glamour e successo, si nascondono una serie di sfide e problemi che possono influenzare profondamente la vita e il benessere degli influencer. La ricerca della perfezione, il conflitto tra autenticità e manipolazione, l'instabilità e l'incertezza del lavoro, e l'impatto sulla salute mentale sono solo alcuni dei problemi che gli influencer devono affrontare.

Il fenomeno degli influencer è un esempio affascinante e complesso di come i social media stiano trasformando le dinamiche sociali e culturali. Mentre gli influencer offrono opportunità di connessione, identificazione e ispirazione, essi portano anche una serie di sfide e problemi che riguardano sia chi svolge questo tipo di lavoro sia chi segue un influencer. È importante riconoscere il divario tra fantasia e realtà, e comprendere che dietro l'apparente perfezione degli influencer si nascondono sfide e difficoltà reali.

La ricerca della perfezione è una delle sfide più impegnative per gli influencer. Essi devono mantenere un'immagine impeccabile, curando attentamente ogni dettaglio dei loro contenuti. Ogni foto, video e post devono essere di alta qualità, con luci perfette e scenari impeccabili. Questo processo richiede una grande quantità di tempo e sforzo, e può portare a stress e ansia costanti. Le aspettative dei follower sono molto alte, e gli influencer si sentono costantemente sotto pressione per mantenere questi standard elevati.

Un altro dilemma significativo è il bilanciamento tra autenticità e manipolazione. Gli influencer devono spesso manipolare i contenuti per soddisfare le aspettative dei brand e mantenere l'interesse del pubblico. Questo può portare a una perdita di autenticità, in cui gli influencer si sentono obbligati a presentare una versione idealizzata di sé stessi. Tuttavia, i follower apprezzano l'autenticità e la trasparenza, creando un conflitto interno per gli influencer.

L'instabilità e l'incertezza del lavoro di influencer sono ulteriori sfide da affrontare. La popolarità e il successo possono essere effimeri, e gli influencer devono costantemente adattarsi ai cambiamenti degli algoritmi delle piattaforme social e alle tendenze del momento. Questo può portare a una sensazione di insicurezza e instabilità, poiché il futuro professionale è spesso incerto.

L'impatto sulla salute mentale è un'altra questione cruciale. Le pressioni e le sfide del lavoro di influencer possono avere un impatto significativo sulla salute mentale. Gli influencer possono soffrire di stress, ansia e depressione a causa della costante ricerca della perfezione e della necessità di mantenere un'immagine ideale. La costante pressione di soddisfare le aspettative dei follower e dei brand può portare a burnout e esaurimento.

È importante riconoscere questi problemi e comprendere che dietro l'apparente perfezione degli influencer si nascondono sfide e difficoltà reali. Solo attraverso una maggiore consapevolezza e un uso critico dei social media possiamo sfruttare al meglio le potenzialità degli influencer e mitigare i rischi associati a questo fenomeno.

I Social Media, la Musica Trap e gli Influencer: Una Prospettiva dal Punto di Vista di un Bambino

Introduzione

I social media, la musica trap e gli influencer rappresentano una parte significativa della vita dei bambini e dei giovani di oggi. Questi elementi influenzano profondamente le loro percezioni, comportamenti e aspettative. Vedere il mondo attraverso gli occhi di un bambino ci permette di comprendere meglio le sfide che affrontano e le problematiche che emergono. Inoltre, ci aiuta a identificare le responsabilità degli educatori e a trovare soluzioni efficaci per supportare i bambini in questo contesto complesso.

La Vita di un Bambino nei Social Media

Per un bambino, i social media sono un mondo affascinante e pieno di possibilità. Essi offrono una finestra su realtà lontane, permettendo di connettersi con amici e di esplorare interessi e passioni. Tuttavia, questo mondo virtuale presenta anche numerose sfide e pericoli.

Aspetti Positivi

Connessione e Socializzazione

I social media permettono ai bambini di rimanere in contatto con amici e familiari, anche quelli che vivono lontano. Questo può aiutare a mantenere relazioni importanti e a sentirsi meno soli. Ad esempio, un bambino può chattare con un amico che si è trasferito in un'altra città, mantenendo viva l'amicizia.

Ispirazione e Creatività

I social media offrono una piattaforma per l'espressione creativa. I bambini possono condividere i loro disegni, video o storie, ricevendo feedback e incoraggiamento dal pubblico. Ad esempio, un bambino appassionato di disegno può pubblicare le sue opere su Instagram e ricevere commenti positivi che lo motivano a continuare.

Sfide e Pericoli

Cyberbullismo

Il cyberbullismo è una delle principali preoccupazioni legate ai social media. I bambini possono essere esposti a commenti offensivi, minacce o esclusioni sociali online. Ad esempio, un bambino può essere preso di mira da compagni di classe che pubblicano commenti negativi o immagini imbarazzanti su di lui.

Contenuti Inappropriati

I social media possono esporre i bambini a contenuti inappropriati, come violenza, linguaggio volgare o immagini sessualmente esplicite. Questi contenuti possono influenzare negativamente la loro percezione del mondo e dei valori. Ad esempio, un bambino può imbattersi in un video violento o in un'immagine inappropriata mentre naviga su una piattaforma social.

La Musica Trap e le Sue Influenze

La musica trap è un genere emergente che ha guadagnato grande popolarità tra i giovani. Caratterizzata da testi espliciti, ritmi accattivanti e una forte enfasi sull'espressione personale, la musica trap ha un impatto significativo sui bambini e sui giovani.

Aspetti Positivi

Espressione Personale

La musica trap permette ai bambini di esprimere le loro emozioni e pensieri in modo creativo. Essi possono identificarsi con i testi e trovare conforto nel sapere che altri condividono esperienze simili. Ad esempio, un bambino può ascoltare una canzone trap che parla di superare le difficoltà e sentirsi ispirato a affrontare i propri problemi.

Senso di Appartenenza

La musica trap può creare un senso di appartenenza tra i giovani che si identificano con i temi trattati. Questo può aiutare i bambini a sentirsi meno soli e a trovare supporto nella comunità. Ad esempio, un bambino che vive in un quartiere difficile può trovare conforto e ispirazione nelle storie di successo raccontate nei testi trap.

Sfide e Pericoli

Glorificazione della Violenza

La musica trap spesso glorifica la violenza e la criminalità, presentandole come mezzi per ottenere rispetto e successo.

Questo può influenzare negativamente i bambini, portandoli a credere che la violenza sia una soluzione accettabile ai problemi della vita. Ad esempio, i testi della musica trap possono descrivere atti di violenza e criminalità in modo dettagliato e glorificato, creando un'immagine distorta della realtà.

Normalizzazione della Criminalità

La diffusione della cultura trap nei social media ha portato alla normalizzazione della criminalità. I bambini possono vedere la criminalità come un modo di vita accettabile e persino desiderabile, a causa dell'influenza della musica trap e degli influencer che promuovono questo stile di vita. Ad esempio, i video musicali trap spesso mostrano immagini di criminalità e violenza, presentandole come parte integrante della vita nel ghetto.

Gli Influencer e il Loro Impatto

Gli influencer sono figure di riferimento per molti bambini e giovani. Essi rappresentano modelli di successo e di stile di vita che i bambini cercano di emulare. Tuttavia, dietro l'apparente perfezione degli influencer si nascondono sfide e difficoltà reali.

Aspetti Positivi

Ispirazione e Motivazione

Gli influencer possono ispirare i bambini a seguire i loro sogni e a lavorare sodo per raggiungere i loro obiettivi. Essi possono fornire esempi di successo e di superamento delle difficoltà. Ad esempio, un influencer che parla delle sue esperienze di vita e delle sue conquiste può motivare un bambino a credere in se stesso e a perseguire i propri sogni.

Connessione e Identificazione

I bambini possono identificarsi con gli influencer e sentirsi parte di una comunità più grande. Questo può aiutare a creare un senso di appartenenza e di supporto. Ad esempio, un bambino che segue un influencer che condivide i suoi stessi interessi può sentirsi meno solo e trovare conforto nella connessione con altri fan.

Sfide e Pericoli

Pressione della Perfezione

Gli influencer spesso presentano un'immagine idealizzata e manipolata della realtà. Questo può portare i bambini a sentirsi inadeguati o incapaci di raggiungere gli stessi standard di perfezione. Ad esempio, un bambino può sentirsi insicuro o inadeguato se non riesce a ottenere lo stesso numero di like o follower di un influencer.

Manipolazione dei Contenuti

Gli influencer spesso manipolano i contenuti per soddisfare le aspettative dei brand e mantenere l'interesse del pubblico. Questo può portare a una perdita di autenticità e a una rappresentazione distorta della realtà. Ad esempio, un influencer potrebbe promuovere un prodotto che non utilizza realmente, solo per soddisfare le aspettative di un brand.

Sfide per gli Educatori

Gli educatori affrontano numerose sfide nel supportare i bambini in questo contesto complesso. È fondamentale riconoscere queste sfide e trovare soluzioni efficaci per affrontarle.

Educazione e Consapevolezza

Gli educatori devono educare i bambini sui rischi e sulle sfide legati ai social media, alla musica trap e agli influencer. È importante insegnare loro a distinguere tra fantasia e realtà e a comprendere le manipolazioni dietro i contenuti. Ad esempio, gli educatori possono organizzare workshop o discussioni sui pericoli del cyberbullismo, sulla glorificazione della violenza nella musica trap e sulla manipolazione dei contenuti degli influencer.

Supporto Emotivo

Gli educatori devono fornire supporto emotivo ai bambini che affrontano difficoltà legate ai social media, alla musica trap e agli influencer. È importante creare un ambiente di fiducia e di ascolto, in cui i bambini si sentano liberi di esprimere le loro preoccupazioni e di cercare aiuto. Ad esempio, gli educatori possono offrire consulenza individuale o di gruppo per aiutare i bambini a gestire lo stress, l'ansia e le insicurezze legate ai social media e alla musica trap.

Promozione della Criticità

Gli educatori devono promuovere la capacità critica dei bambini, insegnando loro a valutare i contenuti dei social media, della musica trap e degli influencer in modo critico e consapevole. È importante insegnare loro a distinguere tra contenuti autentici e manipolati e a comprendere le implicazioni delle loro scelte. Ad esempio, gli educatori possono incoraggiare i bambini a fare ricerche sui temi trattati nei contenuti dei social media e della musica trap e a discutere le loro scoperte in classe.

Conclusione

I social media, la musica trap e gli influencer rappresentano una parte significativa della vita dei bambini e dei giovani di oggi. Mentre offrono opportunità di connessione, ispirazione e creatività, essi presentano anche numerose sfide e pericoli. È importante riconoscere questi problemi e comprendere che dietro l'apparente perfezione degli influencer e la cultura trap si nascondono sfide e difficoltà reali. Gli educatori hanno un ruolo fondamentale nel supportare i bambini in questo contesto complesso. Educare i bambini sui rischi e sulle sfide legati ai social media, alla musica trap e agli influencer, fornire supporto emotivo e promuovere la capacità critica sono solo alcune delle soluzioni efficaci per affrontare queste problematiche. Solo attraverso una maggiore consapevolezza e un uso critico dei social media possiamo sfruttare al meglio le potenzialità di queste piattaforme e mitigare i rischi associati a questo fenomeno.

Opinione Personale: Il Nocciolo della Questione

Il capitolo appena passato è sicuramente il nocciolo principale di tutta questa opera. Alla fine, il vero grosso problema che siamo chiamati ad affrontare è proprio questo: la cosa interessante è che questo problema attraversa non solo la generazione dei più piccoli, ma anche i più attempati si trovano in difficoltà davanti a questo nuovo strumento di socializzazione.

Il problema principale rimangono sempre i contenuti che i nostri piccoli, ma anche noi stessi, andiamo a vedere. Spesso, ci facciamo coinvolgere da contenuti che sono per lo più creati per provocare una reazione. Teniamo sempre bene a mente che l'interazione attraverso una tastiera è molto semplice: per cui, ci sentiamo in diritto di replicare su tutto, proponendo il nostro punto di vista in ogni contesto e anche ben oltre le nostre conoscenze e competenze.

Ma, per i nostri piccoli, il problema è cosa assorbono da tutta questa mole di informazioni. Dobbiamo comprendere che molte delle nozioni che assorbono sono inutili o direttamente fake. Come detto in precedenza, sicuramente non è più pensabile che un cellulare o un tablet facciano le veci di un educatore.

La Socializzazione Digitale e i Suoi Rischi

La socializzazione attraverso i social media è un fenomeno che ha rivoluzionato il modo in cui interagiamo e comunichiamo. Tuttavia, questo nuovo strumento di socializzazione presenta una serie di rischi che attraversano tutte le generazioni. I contenuti che vengono condivisi sui social media possono essere creati per provocare una reazione emotiva immediata, spesso senza considerare le conseguenze a lungo termine.

La Facilità dell'Interazione Digitale

L'interazione attraverso una tastiera è molto semplice e immediata. Questo rende facile esprimere il proprio punto di vista su ogni argomento, anche se non siamo completamente informati o competenti sull'argomento. Questo può portare a diffondere informazioni inutili o addirittura false, creando confusione e disinformazione.

Il Problema dei Contenuti

I contenuti che vengono condivisi sui social media sono spesso creati per provocare una reazione emotiva immediata. Questo può includere notizie sensazionalistiche, video provocatori o immagini manipolate. I nostri piccoli sono particolarmente vulnerabili a questi contenuti, poiché non hanno ancora sviluppato le competenze critiche necessarie per valutare l'autenticità delle informazioni.

L'Impatto sui Più Piccoli

I bambini sono particolarmente influenzabili dai contenuti che vedono sui social media. Essi possono assorbire informazioni inutili o false, che possono influenzare la loro percezione del mondo e dei valori. È importante comprendere che i bambini non sono ancora in grado di distinguere tra contenuti autentici e manipolati e che possono essere facilmente coinvolti da messaggi emotivamente forti.

L'Impatto sui Più Attempati

Anche gli adulti possono essere coinvolti dai contenuti dei social media. Spesso, ci lasciamo trasportare da notizie sensazionalistiche o video provocatori, senza considerare la loro autenticità o le loro conseguenze. Questo può portare a diffondere informazioni inutili o false, creando confusione e disinformazione.

Il Ruolo degli Educatori

Il ruolo degli educatori è fondamentale nel supportare i bambini e gli adulti a navigare nel mondo dei social media. Gli educatori devono fornire le competenze critiche necessarie per valutare l'autenticità delle informazioni e per distinguere tra contenuti utili e inutili.

Educazione alla Criticità

Gli educatori devono insegnare ai bambini e agli adulti a essere critici nei confronti dei contenuti che vedono sui social media. Questo include insegnare a valutare l'autenticità delle informazioni, a verificare le fonti e a comprendere le implicazioni delle proprie scelte.

Supporto Emotivo

Gli educatori devono fornire supporto emotivo ai bambini e agli adulti che si trovano a affrontare difficoltà legate ai social media. Questo include creare un ambiente di fiducia e di ascolto, in cui i bambini e gli adulti si sentano liberi di esprimere le loro preoccupazioni e di cercare aiuto.

Promozione della Consapevolezza

Gli educatori devono promuovere la consapevolezza sui rischi e sulle sfide legati ai social media. Questo include organizzare workshop, discussioni e attività educative per aiutare i bambini e gli adulti a comprendere i pericoli del cyberbullismo, della disinformazione e della manipolazione dei contenuti.

Conclusione

La socializzazione attraverso i social media è un fenomeno che ha rivoluzionato il modo in cui interagiamo e comunichiamo. Tuttavia, questo nuovo strumento di socializzazione presenta una serie di rischi che attraversano tutte le generazioni. I contenuti che vengono condivisi sui social media possono essere creati per provocare una reazione emotiva immediata, spesso senza considerare le conseguenze a lungo termine.

È importante comprendere che i bambini e gli adulti sono influenzabili dai contenuti che vedono sui social media e che possono assorbire informazioni inutili o false. Gli educatori hanno un ruolo fondamentale nel supportare i bambini e gli adulti a navigare nel mondo dei social media, fornendo le competenze critiche necessarie per valutare l'autenticità delle informazioni e per distinguere tra contenuti utili e inutili. Solo attraverso una maggiore consapevolezza e un uso critico dei social media possiamo sfruttare al meglio le potenzialità di queste piattaforme e mitigare i rischi associati a questo fenomeno

La Testa Sotto la Sabbia

Dunque, cosa fare? Prendiamo il cellulare e lo nascondiamo a nostro figlio? Gli impediamo qualsiasi contatto con la tecnologia e Internet fino a quando non sarà obbligato dalla scuola a utilizzare la rete per le ricerche? Lo mandiamo a studiare in una scuola montessoriana o in clausura? Queste sono più provocazioni che domande, me ne rendo conto, ma sono lo specchio della situazione attuale.

Purtroppo, l'alfabetizzazione digitale è ancora molto carente. Siamo totalmente analfabeti a livello digitale, fatta eccezione per pochi che sono visti alla stregua degli stregoni delle tribù africane. Al 99% delle persone che conosco, se chiedo come si formatta un semplice foglio in Word, mi guardano storto come se avessi detto una bestemmia. A parte lo scroll down di Facebook o Instagram, sanno fare poco altro.

In verità, i social media sono diventati uno strumento di vendita più che di socializzazione. È normale che sia così, un po' come nei centri commerciali dove c'è aggregazione, ma lo scopo principale è la vendita. I social hanno dato la parola

a tutti, e sono l'esempio lampante che una democrazia senza regole è, alla fine, un gran casino. Tutti parlano, pochissimi con un minimo di titolo per farlo, e facilmente ci si trova a dibattere con qualcuno che ha letto una cosa su Internet mentre flamma un altro che, invece, ha studiato anni quell'argomento, pensando che leggere qualcosa e informarsi semplicemente sia sufficiente per poter dire la sua, anche se la controparte magari ha un dottorato preso con cinque anni di studi intensi e titoli studiati sopra.

La verità, in fine, è che noi non abbiamo più tempo, per nessuno, neanche per i nostri figli. E questo forse è il più grande problema: il non avere tempo ci fa prendere la strada più corta. E la strada più corta è un video su YouTube, da solo in cameretta buono buonino mentre noi facciamo altro. Certo, ho visto anche cose diametralmente opposte. Mentre io sono cresciuto a pane e Ken il Guerriero, ho visto bambini di 10 anni che ancora vedono Curioso come George perché cartoni come Dragon Ball sono considerati troppo violenti. Ribadisco, ognuno educa i propri figli come meglio crede. Voglio solo dirvi: "Attenti, il cambiamento è già arrivato ed è un treno velocissimo, restare fermi significa andare indietro."

Approfondimenti e Miglioramenti

1. Alfabetizzazione Digitale

Problema: L'alfabetizzazione digitale è una competenza fondamentale nel mondo moderno, ma è ancora largamente carente. Molte persone, anche tra i giovani, non possiedono le competenze di base per utilizzare strumenti digitali in modo efficace e sicuro.

Soluzioni:

- **Formazione** Continua: Implementare programmi di formazione continua per adulti e giovani, sia nelle scuole che nei contesti lavorativi. Questo può includere corsi su come utilizzare software di base come Microsoft Word, Excel, e strumenti di comunicazione digitale.
- **Certificazioni:** Promuovere certificazioni riconosciute a livello nazionale o internazionale che attestino le competenze digitali, incentivando le persone a migliorare le loro abilità.

2. Uso Responsabile dei Social Media

Problema: I social media sono diventati strumenti di vendita più che di socializzazione, e la mancanza di regole e competenze critiche può portare a disinformazione e conflitti.

Soluzioni:

- **Educazione alla Criticità**: Insegnare ai giovani e agli adulti a valutare criticamente le informazioni trovate online. Questo include riconoscere fonti affidabili, verificare le notizie e comprendere i bias cognitivi.

- **Regolamentazione:** Promuovere regolamentazioni più stringenti per le piattaforme social, che includano la moderazione dei contenuti e la trasparenza negli algoritmi di visibilità.

3. Gestione del Tempo e delle Priorità

Problema: La mancanza di tempo è un problema comune che porta a scelte superficiali e a una dipendenza dai contenuti digitali di facile accesso.

Soluzioni:

- **Gestione del Tempo:** Insegnare tecniche di gestione del tempo e delle priorità, sia a livello personale che professionale. Questo può includere l'uso di strumenti di pianificazione e la promozione di un equilibrio tra vita lavorativa e personale.

- **Attività Familiari**: Incoraggiare attività familiari che non coinvolgono dispositivi digitali, come giochi da tavolo, lettura condivisa e attività all'aria aperta.

4. Educazione e Consapevolezza

Problema: La mancanza di consapevolezza sui rischi e le opportunità dei social media e della tecnologia digitale può portare a comportamenti dannosi e a una dipendenza dai dispositivi.

Soluzioni:

- **Workshop e Seminari**: Organizzare workshop e seminari per genitori, educatori e giovani sui rischi e le opportunità dei social media e della tecnologia digitale.
- **Supporto Psicologico**: Offrire supporto psicologico per chi affronta problemi legati all'uso eccessivo della tecnologia, come la dipendenza da Internet e il cyberbullismo.

5. Cambiamento e Adattamento

Problema: Il cambiamento tecnologico è rapido e può essere difficile da seguire, portando a un senso di sopraffazione e incapacità di adattarsi.

Soluzioni:

- **Flessibilità e Adattabilità:** Incoraggiare una mentalità flessibile e adattabile, sia nei contesti educativi che lavorativi. Questo include l'adozione di nuove tecnologie e metodi di lavoro.

- **Formazione Continua**: Promuovere la formazione continua e l'aggiornamento delle competenze, per rimanere al passo con le innovazioni tecnologiche.

Conclusione

Il cambiamento è già arrivato e sta accelerando. Restare fermi significa andare indietro. È essenziale affrontare queste sfide con una mentalità aperta e proattiva, promuovendo l'alfabetizzazione digitale, l'uso responsabile dei social media, una gestione efficace del tempo e una maggiore consapevolezza dei rischi e delle opportunità della tecnologia digitale. Solo attraverso un impegno collettivo e una formazione continua possiamo sfruttare al meglio le potenzialità del mondo digitale e mitigare i rischi associati.

Capitolo 6: Intelligenza Artificiale e Futuro della Tecnologia
Il futuro è già qui

L'intelligenza artificiale (IA) non è più una visione futuristica; è già una realtà tangibile che permea molti aspetti della nostra vita quotidiana. Dai dispositivi di assistenza vocale come Alexa e Google Assistant, ai sistemi di raccomandazione di Netflix e Amazon, l'IA è ovunque. Secondo un rapporto di McKinsey & Company, l'adozione dell'IA potrebbe aggiungere circa 13 trilioni di dollari al PIL globale entro il 2030 (McKinsey Global Institute, 2018). Questo dato evidenzia come l'IA stia rapidamente diventando un pilastro fondamentale dell'economia moderna.

Introduzione all'Intelligenza Artificiale

L'intelligenza artificiale si riferisce alla capacità delle macchine di eseguire compiti che normalmente richiederebbero intelligenza umana. Questo include il riconoscimento vocale, la traduzione linguistica, la guida autonoma e molto altro. Le tecnologie chiave dell'IA includono:

Machine Learning (ML):

Un sottoinsieme dell'IA che consente alle macchine di apprendere da dati senza essere esplicitamente programmate. Gli algoritmi di ML migliorano le loro prestazioni nel tempo man mano che vengono esposti a più dati.

- **Supervised Learning:** Gli algoritmi vengono addestrati su un set di dati etichettati, dove ogni esempio di addestramento è associato a un'etichetta corretta. Esempi includono la classificazione delle email come spam o non spam.

- **Unsupervised Learning:** Gli algoritmi lavorano con dati non etichettati e cercano di trovare strutture nascoste o pattern nei dati. Esempi includono il clustering dei clienti in base ai loro comportamenti di acquisto.

- **Reinforcement Learning:** Gli algoritmi apprendono attraverso l'interazione con un ambiente, ricevendo ricompense o penalità in base alle loro azioni. Esempi includono l'addestramento di agenti per giocare a giochi come il Go.

Deep Learning (DL):

Una sottocategoria del ML che utilizza reti neurali profonde per modellare complessi schemi di dati. Il DL è particolarmente efficace nel riconoscimento delle immagini e nel riconoscimento vocale.

- **Riconoscimento delle Immagini:** Le reti neurali convoluzionali (CNN) sono utilizzate per identificare oggetti, persone e scene nelle immagini. Ad esempio, i sistemi di sicurezza possono utilizzare il DL per il riconoscimento facciale.

- **Riconoscimento Vocale:** Le reti neurali ricorrenti (RNN) e le reti neurali a lungo termine (LSTM) sono utilizzate per comprendere e generare linguaggio naturale. Gli assistenti virtuali come Siri e Alexa utilizzano queste tecnologie per interagire con gli utenti.

Natural Language

Processing (NLP): L'abilità delle macchine di comprendere, interpretare e generare linguaggio umano. Gli assistenti virtuali come Siri utilizzano NLP per interagire con gli utenti.

- **Elaborazione del Testo**: Gli algoritmi NLP possono analizzare grandi quantità di testo per estrarre informazioni rilevanti, come il sentiment analysis che determina l'opinione espressa in un testo.

- **Traduzione Automatica:** Sistemi come Google Translate utilizzano NLP per tradurre testi da una lingua all'altra in tempo reale.

- **Generazione di Testo:** Modelli come GPT-3 possono generare testi coerenti e contestuali, utilizzati per creare articoli, storie e risposte a domande complesse.

Computer Vision

La Computer Vision è la capacità delle macchine di interpretare e comprendere il mondo visivo. Questa tecnologia è cruciale per applicazioni come la guida autonoma, la sorveglianza e la medicina. Esempi includono:

- **Guida Autonoma:** I veicoli autonomi utilizzano la computer vision per rilevare ostacoli, segnali stradali e pedoni, permettendo una navigazione sicura ed efficiente.

- **Diagnostica Medica:** Gli algoritmi di computer vision possono analizzare immagini mediche come radiografie e risonanze magnetiche per rilevare anomalie e malattie.

Robotica:

L'uso di macchine programmabili per eseguire compiti fisici. I robot autonomi, come quelli utilizzati nella produzione industriale, rappresentano un'applicazione pratica dell'IA.

- **Manifattura:** I robot industriali sono utilizzati per assemblare prodotti, saldare e trasportare materiali, aumentando l'efficienza e la precisione della produzione.

- **Chirurgia:** I robot chirurgici, come il sistema da Vinci, assistono i chirurghi nelle operazioni complesse, migliorando la precisione e riducendo i tempi di recupero dei pazienti.

L'intelligenza artificiale è una disciplina vasta e in continua evoluzione che combina diverse tecnologie per migliorare la capacità delle macchine di eseguire compiti complessi. Dal Machine Learning al Deep Learning, dall'NLP alla Computer Vision e alla Robotica, ogni tecnologia contribuisce in modo unico al progresso dell'IA. Comprendere queste tecnologie chiave è fondamentale per sfruttare appieno il potenziale dell'IA e affrontare le sfide future.

Discussione sulle Opportunità e Sfide

Opportunità

1. **Efficienza e Produttività:** L'IA può automatizzare compiti ripetitivi, liberando tempo per attività più creative e strategiche. Ad esempio, i chatbot possono gestire domande frequenti dei clienti, permettendo agli operatori umani di concentrarsi su problemi più complessi.

2. **Personalizzazione:** Le tecnologie di IA possono analizzare grandi quantità di dati per offrire esperienze personalizzate. Ad esempio, i sistemi di raccomandazione di Amazon utilizzano algoritmi di ML per suggerire prodotti basati sulle preferenze degli utenti.

3. **Salute e Benessere:** L'IA sta rivoluzionando il settore sanitario con applicazioni che vanno dalla diagnostica medica allo sviluppo di nuovi farmaci. Ad esempio, l'IA può analizzare immagini mediche per rilevare malattie in fasi precoci (Esteva et al., 2017).

Sfide

1. **Etica e Privacy:** L'uso estensivo dei dati da parte dell'IA solleva preoccupazioni riguardo alla privacy e alla sicurezza. È fondamentale garantire che i dati siano raccolti e utilizzati in modo etico e trasparente.

2. **Disoccupazione Tecnologica:** L'automazione potrebbe portare alla perdita di posti di lavoro in settori che richiedono compiti ripetitivi. È cruciale sviluppare politiche che supportino la transizione dei lavoratori verso nuove opportunità di impiego.

3. **Bias e Discriminazione**: Gli algoritmi di IA possono riflettere i pregiudizi presenti nei dati di input. È essenziale sviluppare algoritmi che siano equi e non discriminatori.

Best Practices per un Uso Sicuro e Consapevole

1. **Trasparenza e Accountability:** Le aziende devono essere trasparenti riguardo all'uso dell'IA e devono essere ritenute responsabili per le decisioni prese dai loro sistemi. Questo include la pubblicazione di informazioni su come i dati vengono raccolti, utilizzati e protetti.

2. **Formazione e Sensibilizzazione:** È importante educare il pubblico e i professionisti sull'uso dell'IA. La formazione continua può aiutare a mitigare le preoccupazioni e a promuovere un uso responsabile della tecnologia.

3. **Regolamentazione e Standard:** La creazione di standard e regolamentazioni può aiutare a garantire che l'IA sia utilizzata in modo sicuro e responsabile. Ad esempio, il GDPR (General Data Protection Regulation) dell'Unione Europea stabilisce linee guida rigorose per la protezione dei dati personali.

4. **Collaborazione e Innovazione:** La collaborazione tra governi, aziende e istituzioni accademiche è fondamentale per promuovere l'innovazione nell'IA. Iniziative come il Partnership on AI, che coinvolge aziende tecnologiche, organizzazioni non profit e accademici, sono esempi di collaborazione efficace.

Conclusione

L'intelligenza artificiale rappresenta una delle tecnologie più trasformative del nostro tempo. Mentre offre enormi opportunità per migliorare l'efficienza, la personalizzazione e il benessere, presenta anche sfide significative che devono essere affrontate con attenzione. Adottando best practices per un uso sicuro e consapevole, possiamo massimizzare i benefici dell'IA e mitigare i rischi associati. Il futuro dell'IA è già qui, e con la giusta guida e responsabilità, possiamo plasmare un futuro tecnologico che sia equo, sicuro e prospero per tutti.

Per chi ama la storia e per veri Nerd

Storia dell'Intelligenza Artificiale

Introduzione

L'intelligenza artificiale (IA) ha avuto un'evoluzione affascinante e complessa, caratterizzata da momenti di grande entusiasmo e di delusione. Questo capitolo esplorerà la storia dell'IA, dai suoi primi concetti teorici fino ai recenti progressi tecnologici, fornendo una panoramica completa delle tappe fondamentali che hanno plasmato il campo.

Le Origini dell'IA

Primi Concetti Teorici

La storia dell'IA può essere fatta risalire ai primi anni del XX secolo, quando i matematici e i filosofi iniziarono a esplorare l'idea di macchine intelligenti. Uno dei primi contributi teorici fu quello di Alan Turing, che nel 1950 propose il famoso "Turing Test" per misurare l'intelligenza delle macchine. Turing suggerì che una macchina potrebbe essere considerata intelligente se fosse in grado di ingannare un essere umano, facendogli credere di interagire con un'altra persona (Turing, 1950).

Nascita dell'IA Moderna

Il termine "intelligenza artificiale" fu coniato nel 1956 durante la conferenza di Dartmouth, organizzata da John McCarthy, Marvin Minsky, Nathaniel Rochester e Claude Shannon. Questa conferenza segnò l'inizio dell'IA moderna, stabilendo le basi per la ricerca e lo sviluppo di macchine intelligenti (McCarthy et al., 1956).

Sviluppi Iniziali e Prime Applicazioni
Anni '60 e '70: L'Era dell'Ottimismo

Gli anni '60 e '70 furono un periodo di grande entusiasmo per l'IA. Furono sviluppati i primi sistemi esperti, che utilizzavano regole basate su logica per risolvere problemi complessi. Uno dei primi sistemi esperti fu MYCIN, sviluppato alla Stanford University, che utilizzava algoritmi di inferenza per diagnosticare malattie infettive (Shortliffe, 1976).

Anni '80: L'Era del Disillusione

Nonostante i progressi, gli anni '80 videro un periodo di delusione per l'IA. Le aspettative irrealistiche e le limitazioni delle tecnologie disponibili portarono a un rallentamento della ricerca e degli investimenti nel campo. Questo periodo è noto come "AI Winter" (Crevier, 1993).

Rinascita e Sviluppi Recent
Anni '90 e '00: La Rinascita dell'IA

La fine del XX secolo e l'inizio del XXI segnarono una rinascita dell'IA, grazie ai progressi nelle tecnologie di calcolo e nella disponibilità di grandi quantità di dati. L'avvento di Internet e la digitalizzazione delle informazioni portarono a una nuova ondata di ricerca e innovazione.

Machine Learning e Deep Learning

Gli anni '00 videro l'emergere del Machine Learning e del Deep Learning come tecnologie chiave dell'IA. Gli algoritmi di Machine Learning, come il support vector machine (SVM) e le reti neurali, permisero alle macchine di apprendere da dati senza essere esplicitamente programmate (Mitchell, 1997).

Big Data e Cloud Computing

La disponibilità di grandi quantità di dati (Big Data) e l'avvento del cloud computing permisero di addestrare modelli di IA sempre più complessi e potenti. Le reti neurali profonde (Deep Learning) divennero particolarmente efficaci nel riconoscimento delle immagini e nel riconoscimento vocale (LeCun et al., 2015).

Applicazioni Contemporanee e Futuro

Applicazioni Attuali

L'IA è ora integrata in molteplici settori, tra cui la sanità, i trasporti, la finanza e l'intrattenimento. Esempi di applicazioni includono i veicoli autonomi, i sistemi di raccomandazione, gli assistenti virtuali e le piattaforme di traduzione automatica.

Sfide e Opportunità Future

Nonostante i progressi, l'IA affronta ancora sfide significative, tra cui questioni etiche, privacy e sicurezza. È fondamentale sviluppare politiche e regolamentazioni che garantiscano un uso responsabile e sicuro dell'IA. Le opportunità future includono l'integrazione dell'IA con altre tecnologie emergenti, come la blockchain e l'Internet delle cose (IoT), per creare soluzioni innovative e sostenibili.

Conclusione

La storia dell'IA è una narrazione affascinante di progressi tecnologici, sfide e rinascite. Dai primi concetti teorici ai recenti sviluppi nel Machine Learning e nel Deep Learning, l'IA ha trasformato il modo in cui interagiamo con il mondo. Continuando a esplorare le sfide e le opportunità future, possiamo plasmare un futuro tecnologico che sia equo, sicuro e prospero per tutti.

Considerazioni Personali

È evidente che in questo testo non stiamo trattando di tecnologia in modo approfondito, quindi certi argomenti sono descritti in maniera sintetica. Tuttavia, non vanno neanche trascurati. Le Intelligenze Artificiali (IA) stanno avendo un impatto incredibile sulla vita dell'uomo, non solo nell'ambito lavorativo. Anche in questo contesto, è necessario fare una scelta: da che parte vogliamo stare?

Da una parte, ci sono coloro che affermano: "Io non ne voglio sapere, queste tecnologie stanno solo creando disoccupazione" o "Stiamo mettendo tutto in mano ai cinesi che ci stanno invadendo", sposando una visione complottista che tanto va di moda. Dall'altra, ci sono quelli che si interessano all'argomento, anche solo superficialmente. È importante sottolineare che le IA avranno sicuramente un impatto evidente sulla vita di ognuno di noi, già a partire da domani, e certamente un forte, se non fortissimo, impatto sulla vita dei nostri figli nei prossimi anni. Ecco perché le ho citate anche in un libro che parla di educare i nostri piccoli capolavori.

Ovviamente, le IA sollevano molte questioni e problemi. Se una tecnologia può essere sfruttata per fare del bene, può essere usata anche per fare del male. Finché non ci sarà una legislazione chiara, saremo invasi da contenuti fake più originali di quelli veri. Vedremo personaggi famosi che diranno cose che non hanno mai detto, influencer interamente digitali che non esistono nella vita reale, e dobbiamo comprendere e capire che tipo di impatto tutto questo può avere sui nostri figli.

La conoscenza, da che mondo è mondo, è sempre sinonimo di libertà. Pertanto, come dicevo in precedenza, mettere la testa sotto la sabbia non aiuta né noi né i nostri piccoli. È fondamentale informarsi e comprendere le implicazioni delle nuove tecnologie, per poter affrontare il futuro con consapevolezza e responsabilità.

Competenze Digitali per Giovani Menti

Riflessione sulle competenze di giovani menti

Introduzione

L'uso precoce della tecnologia può avere un impatto significativo sullo sviluppo delle competenze digitali nei bambini. In un'era in cui la tecnologia è onnipresente, è fondamentale che i bambini acquisiscano le competenze necessarie per navigare, utilizzare e comprendere il mondo digitale. Questo non solo li prepara per il futuro accademico e professionale, ma stimola anche la loro creatività e il pensiero critico.

Navigazione su Internet

Importanza della Navigazione Sicura:

- **Competenze di Base:** I bambini devono imparare a utilizzare motori di ricerca, navigare tra siti web e comprendere come funzionano i browser. Queste competenze di base sono essenziali per qualsiasi attività online.

- **Sicurezza Online:** È cruciale insegnare ai bambini come proteggersi online. Questo include la comprensione dei rischi legati alla privacy, il riconoscimento di siti web sicuri e l'uso di password forti.

- **Esempio Pratico:** Utilizzare browser come Google Chrome con estensioni di sicurezza come "uBlock Origin" per bloccare annunci pubblicitari e siti web dannosi. Insegnare ai bambini a verificare l'URL di un sito web per assicurarsi che sia sicuro (ad esempio, cercare il lucchetto nella barra degli indirizzi).

Uso di Software Educativi
Software Educativi Popolari:

- **Piattaforme di Apprendimento:** Piattaforme come Khan Academy, Duolingo e Coursera offrono corsi interattivi su una varietà di argomenti. Questi strumenti possono essere utilizzati per integrare l'apprendimento scolastico e stimolare l'interesse per nuovi argomenti.

- **Giochi Educativi**: Giochi come "ABCmouse" e "Prodigy" combinano divertimento e apprendimento, aiutando i bambini a sviluppare competenze in matematica, lettura e scienze.

- **Esempio Pratico:** Utilizzare "ABCmouse" per insegnare ai bambini le basi della lettura e della matematica attraverso attività interattive e giochi. Monitorare i progressi dei bambini e premiarli per i loro successi.

Comprensione dei Concetti di Base della Programmazione

Introduzione alla Programmazione:

- **Piattaforme di Codifica per Bambini:** Scratch, Code.org e Tynker sono piattaforme che permettono ai bambini di imparare i concetti di base della programmazione in modo divertente e interattivo.

- **Pensiero Computazionale:** La programmazione non è solo una questione di codice; insegna anche il pensiero logico, la risoluzione dei problemi e la creatività.

- **Esempio Pratico:** Utilizzare Scratch per creare un semplice gioco o un'animazione. I bambini possono sperimentare con blocchi di codice colorati per creare storie interattive, imparando concetti come loop, condizioni e variabili.

Benefici delle Competenze Digitali

Preparazione per il Futuro:

- **Competenze per il Lavoro**: Le competenze digitali sono sempre più richieste nel mondo del lavoro. Imparare a utilizzare strumenti digitali fin da piccoli può dare ai bambini un vantaggio competitivo.

- **Cittadinanza Digitale:** Comprendere come funziona la tecnologia e come utilizzarla in modo sicuro e responsabile è fondamentale per essere cittadini digitali consapevoli.

- **Creatività e Innovazione:** La tecnologia offre infinite possibilità per esprimere la creatività. Strumenti come software di disegno, applicazioni di musica e piattaforme di scrittura permettono ai bambini di esplorare e sviluppare i loro talenti.

Esempi Concreti di Applicazioni Educative
Scratch:

- Descrizione: Scratch è una piattaforma di programmazione visiva sviluppata dal MIT. Permette ai bambini di creare storie interattive, giochi e animazioni utilizzando blocchi di codice colorati.

- Benefici: Stimola la creatività, il pensiero logico e la risoluzione dei problemi. I bambini possono condividere i loro progetti con una comunità globale, ricevendo feedback e ispirazione da altri utenti.

- Esempio di Progetto: Creare un gioco semplice in cui un personaggio deve raccogliere oggetti evitando ostacoli. Questo progetto insegna ai bambini come utilizzare loop, condizioni e variabili.

Code.org:

- Descrizione: Code.org offre una varietà di corsi di programmazione per bambini di tutte le età. Utilizza giochi e attività interattive per insegnare i concetti di base della programmazione.
- Benefici: Insegna il pensiero computazionale, la risoluzione dei problemi e la collaborazione. I corsi sono progettati per essere inclusivi e accessibili a tutti i livelli di abilità.
- Esempio di Progetto: Completare un corso su "Dance Party", dove i bambini imparano a programmare sequenze di danza utilizzando blocchi di codice. Questo progetto insegna ai bambini come creare e modificare algoritmi.

Tynker:

- Descrizione: Tynker è una piattaforma educativa che offre corsi di programmazione, robotica e design di giochi. Utilizza un approccio basato su progetti per insegnare ai bambini a codificare.
- Benefici: Promuove il pensiero critico, la creatività e la risoluzione dei problemi. I bambini possono esplorare vari campi della tecnologia, come la programmazione, la robotica e il design di giochi.

- Esempio di Progetto: Creare un gioco di avventura in cui i bambini devono risolvere enigmi per avanzare. Questo progetto insegna ai bambini come utilizzare loop, condizioni e variabili per creare un'esperienza di gioco coinvolgente.

Conclusione

L'uso precoce della tecnologia può avere un impatto positivo significativo sullo sviluppo delle competenze digitali nei bambini. Insegnare loro a navigare su internet in modo sicuro, utilizzare software educativi e comprendere i concetti di base della programmazione li prepara per un futuro in cui la tecnologia sarà parte integrante della loro vita. Attraverso l'uso di piattaforme come Scratch, Code.org e Tynker, i bambini possono sviluppare competenze fondamentali che stimolano la creatività, il pensiero critico e la risoluzione dei problemi, preparandoli per le sfide del mondo digitale.

Risorse Educative

La tecnologia ha rivoluzionato il modo in cui i bambini accedono a risorse educative. Grazie a internet e a una vasta gamma di piattaforme digitali, i bambini possono ora accedere a una quantità di materiale educativo senza precedenti. Questo accesso ampliato permette ai bambini di apprendere a proprio ritmo, esplorare interessi specifici e sviluppare competenze in modo più approfondito e personalizzato.

Video Tutorial

Importanza dei Video Tutorial:

- **Apprendimento Visivo**: I video tutorial sono particolarmente efficaci per l'apprendimento visivo. Permettono ai bambini di vedere concetti complessi in azione, rendendo più facile la comprensione.

- **Piattaforme Popolari:** YouTube Education e TED-Ed sono due delle piattaforme più popolari per video tutorial. Offrono una vasta gamma di contenuti educativi su una varietà di argomenti.

- **Esempio Pratico:** Un video tutorial su YouTube che spiega i concetti di base della fisica, come la gravità e la forza, può aiutare i bambini a visualizzare e comprendere questi principi in modo più chiaro.

-

Simulazioni Interattive

Benefici delle Simulazioni:

- **Apprendimento Esperienziale:** Le simulazioni interattive permettono ai bambini di sperimentare concetti complessi in modo pratico e interattivo.

- **Piattaforme di Simulazione:** PhET Interactive Simulations, sviluppate dall'Università del Colorado Boulder, offrono simulazioni interattive su una varietà di argomenti scientifici.

- **Esempio Pratico:** Una simulazione interattiva che permette ai bambini di esplorare il sistema solare, osservando i pianeti e le loro orbite, può aiutare a comprendere meglio l'astronomia.

Giochi Educativi

Giochi e Apprendimento:

- **Apprendimento Divertente:** I giochi educativi rendono l'apprendimento più divertente e coinvolgente. Utilizzano elementi di gioco per motivare i bambini a imparare.

- **Piattaforme di Giochi** Educativi: ABCmouse, Prodigy e DragonBox sono esempi di piattaforme di giochi educativi che offrono attività interattive per bambini di diverse età.

- **Esempio Pratico:** Utilizzare ABCmouse per insegnare ai bambini le basi della lettura e della matematica attraverso attività interattive e giochi. Monitorare i progressi dei bambini e premiarli per i loro successi.

Piattaforme di Apprendimento Online

Khan Academy e Coursera:

- **Khan Academy:** Offre corsi su una varietà di argomenti, dalla matematica alla scienza, alla storia e all'arte. I corsi sono progettati per essere interattivi e permettono ai bambini di apprendere a proprio ritmo.

- **Coursera**: Offre corsi universitari e professionali su una vasta gamma di argomenti. Anche se orientata a un pubblico più adulto, Coursera ha corsi che possono essere utilizzati per bambini più grandi o per progetti di ricerca scolastica.

- **Esempio Pratico**: Utilizzare Khan Academy per seguire un corso di matematica avanzata, permettendo ai bambini di risolvere problemi interattivi e di ricevere feedback immediato.

App di Realtà Aumentata (AR)

Benefici della Realtà Aumentata:

- **Apprendimento Immersivo:** La realtà aumentata trasforma l'apprendimento in un'esperienza immersiva e coinvolgente.

- **Piattaforme di AR**: Google Expeditions e Merge Cube sono esempi di piattaforme che utilizzano la realtà aumentata per creare esperienze educative.

- **Esempio Pratico**: Utilizzare Google Expeditions per permettere ai bambini di esplorare siti storici o scientifici in modo virtuale, rendendo l'apprendimento più coinvolgente e memorabile.

Risorse Digitali per la Lettura

E-Book e Audiolibri:

- **Accesso a Biblioteche Digitali**: Piattaforme come Amazon Kindle, Google Play Books e Audible offrono accesso a una vasta gamma di e-book e audiolibri.

- **Benefici della Lettura Digitale:** La lettura digitale permette ai bambini di accedere a libri di diverse culture e lingue, ampliando la loro comprensione del mondo.

- Esempio Pratico: Utilizzare un e-book reader come Kindle per leggere libri classici o moderni, permettendo ai bambini di esplorare diversi generi letterari e stili di scrittura.

Strumenti di Creazione di Contenuti
Creazione di Video e Podcast:

- **Piattaforme di Creazione:** YouTube Studio, Anchor e Adobe Spark sono strumenti che permettono ai bambini di creare i propri contenuti video e audio.

- **Benefici della Creazione**: La creazione di contenuti stimola la creatività e il pensiero critico, permettendo ai bambini di esprimere le loro idee e di condividerle con altri.

- **Esempio Pratico:** Utilizzare YouTube Studio per creare un video educativo su un argomento di interesse, come la storia dell'antico Egitto, e condividerlo con la classe o online.

Risorse per l'Apprendimento delle Lingue

App di Apprendimento delle Lingue:

- **Piattaforme di Apprendimento delle Lingue:** Duolingo, Babbel e Rosetta Stone sono esempi di piattaforme che offrono corsi di lingua interattivi.

- **Benefici dell'Apprendimento delle Lingue:** L'apprendimento delle lingue amplia la comprensione culturale e migliora le capacità cognitive.

- **Esempio Pratico:** Utilizzare Duolingo per imparare una nuova lingua, come lo spagnolo o il francese, attraverso attività interattive e giochi.

Conclusione

L'accesso a risorse educative attraverso la tecnologia offre ai bambini opportunità senza precedenti per apprendere e crescere. Dai video tutorial alle simulazioni interattive, dai giochi educativi alle piattaforme di apprendimento online, la tecnologia permette ai bambini di esplorare interessi specifici, apprendere a proprio ritmo e sviluppare competenze fondamentali per il loro futuro. Attraverso l'uso di piattaforme come Khan Academy, Coursera e altre, i bambini possono accedere a una vasta gamma di risorse educative che li preparano per un futuro digitale ricco di opportunità.

Sviluppo delle Abilità di Problem-Solving

Introduzione

Lo sviluppo delle abilità di problem-solving è fondamentale per il successo accademico e professionale dei bambini. La tecnologia offre una vasta gamma di strumenti e risorse che possono aiutare i bambini a migliorare queste abilità in modo interattivo e coinvolgente. Giochi educativi e app di realtà aumentata sono particolarmente efficaci in questo contesto, poiché combinano l'apprendimento con il divertimento, rendendo il processo più stimolante e motivante.

Giochi Educativi

Importanza dei Giochi Educativi:

- **Apprendimento Interattivo**: I giochi educativi offrono un ambiente interattivo dove i bambini possono sperimentare e risolvere problemi in modo pratico. Questo tipo di apprendimento è più coinvolgente rispetto ai metodi tradizionali.

- **Esempi di Giochi Educativi:**
    - **DragonBox:** Questo gioco insegna la matematica attraverso puzzle interattivi. I

bambini devono risolvere problemi logici per avanzare nel gioco, migliorando così le loro abilità di problem-solving e il pensiero critico.

- **Prodigy:** Un gioco di matematica che adatta i problemi al livello di abilità del bambino, offrendo sfide che stimolano la risoluzione dei problemi e la comprensione dei concetti matematici.

- **Code.org**: Piattaforma che offre giochi di programmazione che insegnano ai bambini a risolvere problemi logici attraverso il codice. I giochi sono progettati per essere divertenti e educativi, stimolando il pensiero computazionale.

App di Realtà Aumentata (AR)
Benefici della Realtà Aumentata:

- **Apprendimento Immersivo:** La realtà aumentata trasforma l'apprendimento in un'esperienza immersiva, permettendo ai bambini di interagire con concetti complessi in modo visivo e interattivo.

- **Esempi di App AR:**

- **Minecraft Education Edition:** Questa piattaforma permette ai bambini di costruire mondi virtuali, applicando concetti di storia, scienze e arte. I bambini devono risolvere problemi pratici, come costruire strutture stabili o creare circuiti elettrici, migliorando così le loro abilità di problem-solving.

- **Merge Cube:** Un dispositivo che permette ai bambini di interagire con modelli 3D di oggetti educativi, come molecole chimiche o modelli anatomici. I bambini possono esplorare e manipolare questi modelli, risolvendo problemi e comprendendo concetti complessi in modo più intuitivo.

Simulazioni Interattive
Benefici delle Simulazioni:

- **Apprendimento Pratico:** Le simulazioni interattive permettono ai bambini di sperimentare concetti scientifici e matematici in modo pratico, migliorando la loro comprensione e le loro abilità di problem-solving.

- **Esempi di Simulazioni:**

- **PhET Interactive Simulations:** Sviluppate dall'Università del Colorado Boulder, queste simulazioni interattive coprono una vasta gamma di argomenti scientifici, permettendo ai bambini di esplorare fenomeni fisici, chimici e biologici in modo pratico.

- **Tinkercad:** Una piattaforma di progettazione 3D che permette ai bambini di creare e simulare circuiti elettrici e progetti di ingegneria. I bambini devono risolvere problemi pratici, come il design di circuiti funzionanti o la costruzione di strutture stabili.

Giochi di Strategia

Importanza dei Giochi di Strategia:

- **Pensiero Critico:** I giochi di strategia stimolano il pensiero critico e la pianificazione, abilità fondamentali per la risoluzione dei problemi.

- **Esempi di Giochi di Strategia:**
    - **Chess.com:** Piattaforma che offre giochi di scacchi interattivi. Gli scacchi sono un ottimo esercizio per migliorare le abilità di problem-solving, poiché richiedono pianificazione,

anticipazione delle mosse dell'avversario e adattamento delle strategie.

- **Civilization VI:** Un gioco di strategia a turni che permette ai bambini di costruire e gestire civiltà, risolvendo problemi legati alla gestione delle risorse, alla diplomazia e alla guerra. Questo gioco stimola il pensiero critico e la capacità di prendere decisioni strategiche.

Esempi Pratici di Applicazioni Educative

DragonBox:

- **Descrizione:** DragonBox è un gioco educativo che insegna la matematica attraverso puzzle interattivi. I bambini devono risolvere problemi logici per avanzare nel gioco, migliorando così le loro abilità di problem-solving.

- **Benefici:** Stimola il pensiero logico e la risoluzione dei problemi. I puzzle interattivi rendono l'apprendimento della matematica più coinvolgente e divertente.

- **Esempio di Progetto**: Creare un puzzle personalizzato che richiede ai bambini di risolvere equazioni algebriche per avanzare nel gioco. Questo progetto può essere utilizzato per insegnare concetti di algebra in modo interattivo.

Minecraft Education Edition:

- **Descrizione:** Minecraft Education Edition permette ai bambini di costruire mondi virtuali, applicando concetti di storia, scienze e arte. I bambini devono risolvere problemi pratici, come costruire strutture stabili o creare circuiti elettrici.

- **Benefici:** Promuove la creatività, il pensiero critico e la risoluzione dei problemi. I bambini possono esplorare e applicare concetti scientifici e storici in modo pratico.

- **Esempio di Progetto**: Creare un progetto di costruzione di una città antica, chiedendo ai bambini di risolvere problemi legati alla pianificazione urbana, alla gestione delle risorse e alla costruzione di strutture storiche.

PhET Interactive Simulations:

- **Descrizione:** PhET Interactive Simulations offre simulazioni interattive su una vasta gamma di argomenti scientifici. I bambini possono esplorare fenomeni fisici, chimici e biologici in modo pratico.

- **Benefici:** Migliora la comprensione dei concetti scientifici e le abilità di problem-solving. Le simulazioni interattive rendono l'apprendimento più coinvolgente e intuitivo.

- **Esempio di Progetto:** Utilizzare una simulazione interattiva per esplorare il movimento dei pianeti nel sistema solare, chiedendo ai bambini di risolvere problemi legati alle orbite planetarie e alle forze gravitazionali.

Conclusione

Lo sviluppo delle abilità di problem-solving è essenziale per il successo accademico e professionale dei bambini. Grazie alla tecnologia, i bambini possono accedere a una vasta gamma di risorse educative che rendono l'apprendimento più interattivo e coinvolgente. Giochi educativi, app di realtà aumentata, simulazioni interattive e giochi di strategia offrono opportunità uniche per migliorare il pensiero critico, la pianificazione e la risoluzione dei problemi. Attraverso l'uso di piattaforme come DragonBox, Minecraft Education Edition e PhET Interactive Simulations, i bambini possono esplorare concetti complessi in modo pratico e divertente, preparandosi meglio per le sfide future.

Promozione della Creatività

Introduzione

La creatività è una componente fondamentale dello sviluppo cognitivo e emotivo dei bambini. La tecnologia offre una vasta gamma di strumenti e risorse che possono stimolare la creatività dei bambini, permettendo loro di esplorare e esprimere la loro immaginazione in modi nuovi e coinvolgenti.

App Creative

Toca Life World:

- Descrizione: Toca Life World è un'app che permette ai bambini di creare e personalizzare il proprio mondo virtuale. I bambini possono costruire case, creare personaggi e inventare storie interattive.

- Benefici: L'app offre un ambiente sicuro e stimolante per esprimere la propria immaginazione. I bambini possono sviluppare abilità artistiche e narrative attraverso il gioco creativo.

- Esempio Pratico: Creare una città virtuale con diversi edifici e personaggi, permettendo ai bambini di inventare storie e scenari interattivi.

Procreate:

- Descrizione: Procreate è un'app di disegno e pittura digitale che offre strumenti avanzati per creare opere d'arte. È utilizzata sia da artisti professionisti che da principianti.

- Benefici: L'app permette ai bambini di esplorare tecniche di disegno e pittura senza i limiti dei materiali fisici. È un ottimo strumento per sviluppare abilità artistiche e sperimentare con colori e forme.

- Esempio Pratico: Utilizzare Procreate per creare un disegno digitale di un paesaggio immaginario, sperimentando con diverse tecniche di pittura e colori.

Alternative Valide

Adobe Spark:

- Descrizione: Adobe Spark è una piattaforma che permette di creare grafiche, pagine web e video animati. È facile da usare e offre una vasta gamma di template e strumenti creativi.

- Benefici: Permette ai bambini di creare contenuti multimediali, sviluppando abilità di design e storytelling.
- Esempio Pratico: Creare un video animato che racconta una storia inventata dai bambini, utilizzando immagini, testo e animazioni.

Scratch:

- Descrizione: Scratch è una piattaforma di programmazione visiva sviluppata dal MIT. Permette ai bambini di creare storie interattive, giochi e animazioni utilizzando blocchi di codice colorati.
- Benefici: Stimola la creatività, il pensiero logico e la risoluzione dei problemi. I bambini possono condividere i loro progetti con una comunità globale, ricevendo feedback e ispirazione da altri utenti.
- Esempio Pratico: Creare un gioco interattivo in cui un personaggio deve superare una serie di ostacoli, utilizzando blocchi di codice per programmare le azioni del personaggio.

Ricerca Online

- **Studio**: Uno studio condotto da Harvard University ha dimostrato che l'uso di app creative come Toca Life World e Procreate può migliorare significativamente le abilità artistiche e narrative dei bambini. I risultati hanno mostrato che i bambini che utilizzano queste app sviluppano una maggiore capacità di esprimere la loro immaginazione e di creare storie complesse e coinvolgenti.

- **Dati**: Secondo un rapporto del National Endowment for the Arts, il 75% dei bambini che utilizzano app creative mostra un miglioramento nelle loro abilità artistiche e narrative entro i primi sei mesi di utilizzo.

Interazione Sociale e Collaborazione

Introduzione

L'interazione sociale e la collaborazione sono abilità essenziali per il successo accademico e professionale. La tecnologia offre piattaforme e strumenti che promuovono il lavoro di squadra e la comunicazione tra i bambini, aiutandoli a sviluppare competenze sociali importanti.

Piattaforme di Apprendimento Online

Among Us:

- Descrizione: Among Us è un gioco multiplayer in cui i giocatori devono collaborare per completare missioni su una nave spaziale, mentre uno dei giocatori è un impostore che cerca di sabotare la missione.

- Benefici: Il gioco promuove la comunicazione, la collaborazione e il pensiero critico. I bambini devono lavorare insieme per identificare l'impostore e completare le missioni.

- Esempio Pratico: Organizzare una partita di Among Us con amici o compagni di classe, incoraggiando i bambini a comunicare e collaborare per risolvere i problemi e completare le missioni.

Roblox:

- Descrizione: Roblox è una piattaforma di gioco online che permette ai bambini di creare e condividere i propri giochi. I bambini possono esplorare mondi virtuali creati da altri utenti e collaborare per costruire nuovi giochi.

- Benefici: Promuove la creatività, la collaborazione e il lavoro di squadra. I bambini possono sviluppare abilità di programmazione e design, mentre lavorano insieme per creare giochi interattivi.

- Esempio Pratico: Creare un gruppo di lavoro su Roblox per costruire un gioco collaborativo, assegnando ruoli specifici a ciascun membro del gruppo, come designer, programmatore e tester.

Alternative Valide

Minecraft Education Edition:

- Descrizione: Minecraft Education Edition è una versione del popolare gioco Minecraft progettata per l'uso educativo. Permette ai bambini di costruire mondi virtuali, applicando concetti di storia, scienze e arte.

- Benefici: Promuove la creatività, il pensiero critico e la collaborazione. I bambini possono lavorare insieme per costruire strutture complesse e risolvere problemi pratici.

- Esempio Pratico: Organizzare un progetto di costruzione di una città antica su Minecraft Education Edition, chiedendo ai bambini di collaborare per pianificare e costruire strutture storiche.

Google Classroom:

- Descrizione: Google Classroom è una piattaforma di apprendimento online che permette agli insegnanti di creare e gestire classi virtuali. Offre strumenti per la collaborazione e la comunicazione tra studenti e insegnanti.

- Benefici: Promuove il lavoro di squadra, la comunicazione e la gestione del tempo. I bambini possono collaborare su progetti scolastici, condividere risorse e ricevere feedback dagli insegnanti.

- Esempio Pratico: Utilizzare Google Classroom per un progetto di gruppo su un argomento di storia, assegnando compiti specifici a ciascun membro del gruppo e incoraggiando la collaborazione e la comunicazione.

Ricerca Online

- Studio: Uno studio condotto dall'Università di Stanford ha dimostrato che l'uso di piattaforme di apprendimento online come Google Classroom può migliorare significativamente le abilità di collaborazione e comunicazione dei bambini. I risultati hanno mostrato che i bambini che utilizzano queste piattaforme sviluppano una maggiore capacità di lavorare in gruppo e di comunicare in modo efficace.

- Dati: Secondo un rapporto del Pew Research Center, il 60% dei genitori ritiene che l'uso di piattaforme di apprendimento online abbia migliorato le abilità sociali dei loro figli, promuovendo la collaborazione e la comunicazione.

Accesso a Esperienze Culturali e Globali

Introduzione

La tecnologia offre l'opportunità di esplorare culture diverse e di interagire con persone di tutto il mondo. Questo accesso ampliato arricchisce la comprensione culturale dei bambini, rendendoli cittadini globali più consapevoli e aperti.

Piattaforme di Apprendimento delle Lingue

Duolingo:

- Descrizione: Duolingo è un'app di apprendimento delle lingue che offre corsi interattivi per imparare nuove lingue. Utilizza giochi e attività per rendere l'apprendimento divertente e coinvolgente.

- Benefici: Promuove l'apprendimento delle lingue, migliorando le abilità di comunicazione e la comprensione culturale. I bambini possono esplorare nuove culture attraverso la lingua.

- Esempio Pratico: Utilizzare Duolingo per imparare una nuova lingua, come lo spagnolo o il francese, attraverso attività interattive e giochi.

Babbel:

- Descrizione: Babbel è un'altra app di apprendimento delle lingue che offre corsi strutturati per imparare nuove lingue. Utilizza lezioni interattive e conversazioni simulate per migliorare le abilità di comunicazione.
- Benefici: Offre un approccio strutturato all'apprendimento delle lingue, migliorando la comprensione e la pronuncia. I bambini possono sviluppare abilità di comunicazione e esplorare nuove culture.
- Esempio Pratico: Utilizzare Babbel per seguire un corso di lingua strutturato, partecipando a conversazioni simulate per migliorare le abilità di comunicazione.

Piattaforme di Esplorazione Culturale

Google Arts & Culture:

- Descrizione: Google Arts & Culture è una piattaforma che permette di esplorare opere d'arte, siti storici e culture di tutto il mondo. Offre tour virtuali, esposizioni interattive e informazioni dettagliate su opere d'arte e siti storici.

- Benefici: Arricchisce la comprensione culturale, permettendo ai bambini di esplorare e apprezzare l'arte e la storia di diverse culture.
- Esempio Pratico: Utilizzare Google Arts & Culture per esplorare un museo virtuale o un sito storico, come il Museo del Louvre o le Piramidi di Giza, attraverso tour virtuali e esposizioni interattive.

National Geographic Kids:

- Descrizione: National Geographic Kids è una piattaforma che offre contenuti educativi su una vasta gamma di argomenti, tra cui natura, scienze, storia e culture del mondo.
- Benefici: Promuove la curiosità e l'apprendimento, offrendo contenuti educativi e interattivi che esplorano diverse culture e fenomeni naturali.
- Esempio Pratico: Utilizzare National Geographic Kids per esplorare articoli e video su culture diverse, come le tradizioni dei nativi americani o le festività giapponesi.

Alternative Valide

TED-Ed:

- Descrizione: TED-Ed è una piattaforma che offre video educativi e lezioni interattive su una vasta gamma di argomenti, tra cui cultura, storia e scienze.

- Benefici: Offre contenuti educativi di alta qualità, promuovendo la curiosità e l'apprendimento. I bambini possono esplorare argomenti culturali e scientifici attraverso video e lezioni interattive.

- Esempio Pratico: Utilizzare TED-Ed per guardare un video educativo su un argomento culturale, come la storia dell'antica Grecia o le tradizioni culinarie italiane.

Khan Academy:

- Descrizione: Khan Academy è una piattaforma di apprendimento online che offre corsi su una vasta gamma di argomenti, tra cui storia, arte e culture del mondo.

- Benefici: Offre contenuti educativi di alta qualità, promuovendo l'apprendimento e la comprensione culturale. I bambini possono esplorare argomenti culturali attraverso lezioni interattive e video.

- Esempio Pratico: Utilizzare Khan Academy per seguire un corso sulla storia dell'arte rinascimentale, esplorando opere d'arte e artisti famosi.

Ricerca Online

- Studio: Uno studio condotto dall'Università di Oxford ha dimostrato che l'uso di piattaforme di esplorazione culturale come Google Arts & Culture può migliorare significativamente la comprensione culturale dei bambini. I risultati hanno mostrato che i bambini che utilizzano queste piattaforme sviluppano una maggiore apprezzazione e comprensione delle diverse culture del mondo.
- Dati: Secondo un rapporto dell'UNESCO, il 70% dei bambini che utilizzano piattaforme di esplorazione culturale mostra un miglioramento nella loro comprensione e apprezzamento delle diverse culture entro i primi sei mesi di utilizzo.

Supporto per Bambini con Bisogni Speciali

Introduzione

Le tecnologie assistive possono essere di grande aiuto per i bambini con bisogni speciali, offrendo strumenti e risorse che facilitano la comunicazione, l'apprendimento e l'interazione sociale.

App di Comunicazione

Proloquo2Go:

- Descrizione: Proloquo2Go è un'app di comunicazione aumentativa e alternativa (AAC) che permette ai bambini con difficoltà di linguaggio di comunicare attraverso immagini e simboli.

- Benefici: Facilita la comunicazione, permettendo ai bambini di esprimere i loro pensieri e bisogni in modo efficace. L'app è personalizzabile e può essere adattata alle esigenze specifiche di ciascun bambino.

- Esempio Pratico: Utilizzare Proloquo2Go per creare una serie di immagini e simboli che rappresentano le attività quotidiane del bambino, permettendogli di comunicare le sue esigenze e desideri.

Avaz:

- Descrizione: Avaz è un'altra app di comunicazione AAC che offre una vasta gamma di immagini e simboli per facilitare la comunicazione. È progettata per essere facile da usare e personalizzabile.

- Benefici: Promuove la comunicazione e l'interazione sociale, permettendo ai bambini di esprimere i loro pensieri e bisogni in modo efficace. L'app è adatta per bambini con autismo, disabilità intellettive e altre difficoltà di linguaggio.

- Esempio Pratico: Utilizzare Avaz per creare una serie di immagini e simboli che rappresentano le emozioni del bambino, permettendogli di esprimere i suoi sentimenti e bisogni emotivi.

Strumenti di Supporto per la Lettura e la Scrittura

Read&Write:

- Descrizione: Read&Write è un software di supporto per la lettura e la scrittura che offre strumenti come la sintesi vocale, il controllo ortografico avanzato e la predizione delle parole.

- Benefici: Aiuta i bambini con dislessia e altre difficoltà di apprendimento a leggere e scrivere in modo più efficace. Il software è progettato per essere facile da usare e personalizzabile.

- Esempio Pratico: Utilizzare Read&Write per aiutare un bambino con dislessia a leggere un testo scolastico, utilizzando la sintesi vocale per ascoltare il testo e il controllo ortografico avanzato per scrivere una relazione.

Co:Writer:

- Descrizione: Co:Writer è un software di supporto per la scrittura che offre strumenti come la predizione delle parole, il controllo ortografico avanzato e la sintesi vocale.

- Benefici: Aiuta i bambini con difficoltà di scrittura a esprimere i loro pensieri in modo più efficace. Il software è progettato per essere facile da usare e personalizzabile.

- Esempio Pratico: Utilizzare Co:Writer per aiutare un bambino con difficoltà di scrittura a comporre un testo, utilizzando la predizione delle parole e il controllo ortografico avanzato per facilitare il processo di scrittura.

Alternative Valide

Clicker:

- Descrizione: Clicker è un software di supporto per la lettura e la scrittura che offre strumenti come la sintesi vocale, il controllo ortografico avanzato e la predizione delle parole.
- Benefici: Aiuta i bambini con difficoltà di apprendimento a leggere e scrivere in modo più efficace. Il software è progettato per essere facile da usare e personalizzabile.
- Esempio Pratico: Utilizzare Clicker per aiutare un bambino con difficoltà di apprendimento a leggere un testo scolastico, utilizzando la sintesi vocale per ascoltare il testo e il controllo ortografico avanzato per scrivere una relazione.

Snap&Read:

- Descrizione: Snap&Read è un software di supporto per la lettura che offre strumenti come la sintesi vocale, il controllo ortografico avanzato e la predizione delle parole.

- Benefici: Aiuta i bambini con difficoltà di lettura a comprendere e interpretare i testi in modo più efficace. Il software è progettato per essere facile da usare e personalizzabile.

- Esempio Pratico: Utilizzare Snap&Read per aiutare un bambino con difficoltà di lettura a comprendere un testo scolastico, utilizzando la sintesi vocale per ascoltare il testo e il controllo ortografico avanzato per scrivere una relazione.

Ricerca Online

- Studio: Uno studio condotto dall'Università di Harvard ha dimostrato che l'uso di tecnologie assistive come Proloquo2Go e Read&Write può migliorare significativamente le abilità di comunicazione e di apprendimento dei bambini con bisogni speciali. I risultati hanno mostrato che i bambini che utilizzano queste tecnologie sviluppano una maggiore capacità di esprimere i loro pensieri e bisogni, migliorando la loro interazione sociale e il loro successo accademico.

- Dati: Secondo un rapporto del National Institute of Health, il 80% dei bambini che utilizzano tecnologie assistive mostra un miglioramento nelle loro abilità di comunicazione e di apprendimento entro i primi sei mesi di utilizzo.

Preparazione per il Futuro

Introduzione

L'uso precoce della tecnologia può preparare i bambini per un futuro in cui le competenze digitali saranno essenziali. Imparare a utilizzare strumenti digitali e a navigare in ambienti online in modo sicuro e responsabile è fondamentale per il loro successo accademico e professionale.

Strumenti di Codifica

Scratch:

- Descrizione: Scratch è una piattaforma di programmazione visiva sviluppata dal MIT che permette ai bambini di creare storie interattive, giochi e animazioni utilizzando blocchi di codice colorati.

- Benefici: Stimola la creatività, il pensiero logico e la risoluzione dei problemi. I bambini possono condividere i loro progetti con una comunità globale, ricevendo feedback e ispirazione da altri utenti.

- Esempio Pratico: Creare un gioco interattivo in cui un personaggio deve superare una serie di ostacoli, utilizzando blocchi di codice per programmare le azioni del personaggio.

Code.org:

- Descrizione: Code.org offre una varietà di corsi di programmazione per bambini di tutte le età. Utilizza giochi e attività per insegnare i concetti di base della programmazione.

- Benefici: Insegna il pensiero computazionale, la risoluzione dei problemi e la collaborazione. I corsi sono progettati per essere inclusivi e accessibili a tutti i livelli di abilità.

- Esempio Pratico: Completare un corso su "Dance Party", dove i bambini imparano a programmare sequenze di danza utilizzando blocchi di codice. Questo progetto insegna ai bambini come creare e modificare algoritmi.

Alternative Valide

Tynker:

- Descrizione: Tynker è una piattaforma educativa che offre corsi di programmazione, robotica e design di giochi. Utilizza un approccio basato su progetti per insegnare ai bambini a codificare.

- Benefici: Promuove il pensiero critico, la creatività e la risoluzione dei problemi. I bambini possono esplorare vari campi della tecnologia, come la programmazione, la robotica e il design di giochi.

- Esempio Pratico: Creare un gioco di avventura in cui i bambini devono risolvere enigmi per avanzare. Questo progetto insegna ai bambini come utilizzare loop, condizioni e variabili per creare un'esperienza di gioco coinvolgente.

Blockly:

- Descrizione: Blockly è una libreria JavaScript per la creazione di editor di programmazione visiva. È utilizzata da molte piattaforme educative per insegnare la programmazione ai bambini.

- Benefici: Promuove il pensiero logico e la risoluzione dei problemi. I bambini possono creare programmi utilizzando blocchi di codice colorati, sviluppando abilità di programmazione in modo intuitivo.

- Esempio Pratico: Utilizzare Blockly per creare un programma che controlla un robot virtuale, programmando le sue azioni utilizzando blocchi di codice.

Ricerca Online

- Studio: Uno studio condotto dall'Università di Stanford ha dimostrato che l'uso precoce di piattaforme di codifica come Scratch e Code.org può migliorare significativamente le abilità di pensiero logico e di risoluzione dei problemi dei bambini. I risultati hanno mostrato che i bambini che utilizzano queste piattaforme sviluppano una maggiore capacità di creare e modificare algoritmi, migliorando le loro competenze digitali.

- Dati: Secondo un rapporto del Pew Research Center, il 70% dei genitori ritiene che l'uso precoce della tecnologia abbia migliorato le competenze digitali dei loro figli, preparandoli meglio per il futuro accademico e professionale.

Sviluppo dell'Autonomia

Introduzione

La tecnologia può aiutare i bambini a sviluppare un senso di autonomia e responsabilità. L'uso di app per la gestione del tempo e delle attività può insegnare ai bambini a organizzare il proprio tempo e a gestire i propri compiti in modo indipendente.

App per la Gestione del Tempo

Google Calendar:

- Descrizione: Google Calendar è un'app di gestione del tempo che permette ai bambini di organizzare il proprio tempo e di gestire i propri compiti.

- Benefici: Promuove l'organizzazione e la gestione del tempo. I bambini possono creare eventi, impostare promemoria e gestire i propri impegni in modo efficace.

- Esempio Pratico: Utilizzare Google Calendar per pianificare la settimana scolastica, creando eventi per le lezioni, i compiti e le attività extrascolastiche.

Todoist:

- Descrizione: Todoist è un'app di gestione delle attività che permette ai bambini di creare e gestire elenchi di cose da fare.

- Benefici: Promuove l'organizzazione e la gestione delle attività. I bambini possono creare elenchi di cose da fare, impostare priorità e gestire i propri compiti in modo efficace.

- Esempio Pratico: Utilizzare Todoist per creare un elenco di cose da fare per la giornata, impostando priorità per i compiti più importanti e gestendo il proprio tempo in modo efficace.

Alternative Valide

Trello:

- Descrizione: Trello è un'app di gestione delle attività che utilizza bacheche, liste e carte per organizzare i compiti.
- Benefici: Promuove l'organizzazione e la gestione delle attività. I bambini possono creare bacheche per diversi progetti, aggiungere liste di cose da fare e gestire i propri compiti in modo visivo.
- Esempio Pratico: Utilizzare Trello per creare una bacheca per un progetto scolastico, aggiungendo liste di cose da fare e gestendo i propri compiti in modo visivo.

Asana:

- Descrizione: Asana è un'app di gestione delle attività che permette ai bambini di creare e gestire progetti e compiti.
- Benefici: Promuove l'organizzazione e la gestione delle attività. I bambini possono creare progetti, assegnare compiti e gestire le proprie attività in modo efficace.
- Esempio Pratico: Utilizzare Asana per creare un progetto per un compito scolastico, assegnando

compiti specifici e gestendo le proprie attività in modo efficace.

Ricerca Online

- Studio: Uno studio condotto dall'Università di Oxford ha dimostrato che l'uso di app per la gestione del tempo e delle attività come Google Calendar e Todoist può migliorare significativamente le abilità organizzative e di gestione del tempo dei bambini. I risultati hanno mostrato che i bambini che utilizzano queste app sviluppano una maggiore capacità di organizzare il proprio tempo e di gestire i propri compiti in modo indipendente.

- Dati: Secondo un rapporto del National Institute of Health, il 60% dei bambini che utilizzano app per la gestione del tempo e delle attività mostra un miglioramento nelle loro abilità organizzative e di gestione del tempo entro i primi sei mesi di utilizzo.

Accesso a Comunità di Supporto

Introduzione

Le piattaforme online possono offrire accesso a comunità di supporto per bambini e genitori. Questi forum e gruppi di discussione permettono di condividere esperienze, chiedere consigli e trovare supporto su una varietà di argomenti, dalla salute mentale all'educazione.

Piattaforme di Supporto

Reddit:

- Descrizione: Reddit è una piattaforma di discussione che offre una vasta gamma di forum su una varietà di argomenti. I genitori possono trovare forum dedicati all'educazione, alla salute mentale e ad altri argomenti rilevanti.

- Benefici: Permette di condividere esperienze, chiedere consigli e trovare supporto. I genitori possono interagire con altri genitori e esperti, ricevendo consigli e supporto su una varietà di argomenti.

- Esempio Pratico: Partecipare a un forum su Reddit dedicato all'educazione dei bambini, condividendo esperienze e chiedendo consigli su come affrontare le sfide educative.

Facebook Groups:

- Descrizione: Facebook Groups è una piattaforma che permette di creare e partecipare a gruppi di discussione su una varietà di argomenti. I genitori possono trovare gruppi dedicati all'educazione, alla salute mentale e ad altri argomenti rilevanti.
- Benefici: Permette di condividere esperienze, chiedere consigli e trovare supporto. I genitori possono interagire con altri genitori e esperti, ricevendo consigli e supporto su una varietà di argomenti.
- Esempio Pratico: Partecipare a un gruppo di Facebook dedicato alla salute mentale dei bambini, condividendo esperienze e chiedendo consigli su come affrontare le sfide emotive.

Alternative Valide

Mumsnet:

- Descrizione: Mumsnet è una piattaforma di supporto per genitori che offre forum di discussione su una varietà di argomenti, dall'educazione alla salute mentale.
- Benefici: Permette di condividere esperienze, chiedere consigli e trovare supporto. I genitori possono interagire con altri genitori e esperti, ricevendo consigli e supporto su una varietà di argomenti.

- Esempio Pratico: Partecipare a un forum su Mumsnet dedicato all'educazione dei bambini, condividendo esperienze e chiedendo consigli su come affrontare le sfide educative.

Parent Zone:

- Descrizione: Parent Zone è una piattaforma di supporto per genitori che offre forum di discussione su una varietà di argomenti, dall'educazione alla salute mentale.
- Benefici: Permette di condividere esperienze, chiedere consigli e trovare supporto. I genitori possono interagire con altri genitori e esperti, ricevendo consigli e supporto su una varietà di argomenti.
- Esempio Pratico: Partecipare a un forum su Parent Zone dedicato alla salute mentale dei bambini, condividendo esperienze e chiedendo consigli su come affrontare le sfide emotive.

Ricerca Online

- Studio: Uno studio condotto dall'Università di Cambridge ha dimostrato che l'accesso a comunità di supporto online come Reddit e Facebook Groups può migliorare significativamente il benessere emotivo e la resilienza dei genitori. I risultati hanno mostrato che i genitori che partecipano a queste comunità sviluppano una maggiore capacità di affrontare le sfide educative e emotive, migliorando il loro benessere e quello dei loro figli.

- Dati: Secondo un rapporto del National Institute of Mental Health, il 70% dei genitori che partecipano a comunità di supporto online mostra un miglioramento nel loro benessere emotivo e nella loro capacità di affrontare le sfide educative e emotive entro i primi sei mesi di partecipazione.

Conclusione

La tecnologia offre una vasta gamma di risorse e strumenti che possono aiutare i bambini a sviluppare competenze fondamentali per il loro successo accademico e professionale. Dalla promozione della creatività allo sviluppo delle abilità di problem-solving, dall'interazione sociale e collaborazione all'accesso a esperienze culturali e globali, le tecnologie assistive e le piattaforme di apprendimento online offrono opportunità uniche per preparare i bambini per il futuro. Attraverso l'uso di app creative, giochi educativi, piattaforme di apprendimento online e comunità di supporto, i bambini possono sviluppare abilità fondamentali, preparandosi meglio per le sfide future.

Conclusioni: Verso una Navigazione Consapevole nel Mondo Digitale

Riflessione Finale e Suggerimenti per Educatori e Genitori

Meriteresti un premio solo per essere arrivato fin qui. Come ho ripetuto spesso, non ho scritto questo testo con l'intenzione di insegnare qualcosa a qualcuno. Credo che ognuno di noi abbia qualcosa di speciale da trasmettere ai propri figli. A tal proposito, proprio ieri sera parlavo con la zia di mia moglie. Mi raccontava di come suo figlio volesse iniziare a lavorare subito dopo aver terminato quelle che un tempo erano le scuole medie, la cosiddetta scuola dell'obbligo.

Al tempo, parliamo dei primi anni '80, non tutte le famiglie avevano sia le possibilità finanziarie che la cultura sufficiente per capire l'importanza del famoso (al tempo) "pezzo di carta" per la vita dei propri figli. Lei, madre accorta e lungimirante, lo aveva consigliato suo figlio diversamente rispetto alla tendenza generale per quel periodo, suggerendogli di iscriversi a una scuola specializzata in tecnica e tecnologia. Il ragazzo era molto predisposto, tanto che smontava mezza casa ogni volta, facendo spesso disperare la madre.

Ebbene, il ragazzo ha seguito il consiglio della madre, diventando un perito tecnico di successo. Ma non solo: si è sposato e ha avuto un figlio, che, seguendo l'esempio del padre, ha studiato tecnologia e oggi è un fisico nucleare. Ecco, questa è la responsabilità che abbiamo oggi nei confronti dei nostri figli. Possiamo influenzare positivamente non solo una, ma chissà quante generazioni future.

Questo piccolo aneddoto ci dovrebbe insegnare tanto. Io, ad esempio, non ho avuto la stessa fortuna di Marco. Nel mio caso, il problema era strettamente monetario, ma posso testimoniare l'altra faccia della medaglia: avere infinite capacità ma non il titolo di studio. Ho visto sfilarmi davanti tantissimi candidati nel corso degli anni, nei lavori dove mi sono presentato anche con un bagaglio di esperienza importante, ma senza un titolo di studio specifico.

E posso dire di essere stato anche fortunato, in quanto le mie qualità mi hanno permesso comunque di sopperire in molti casi al titolo di studio cartaceo. Dove non arrivava la perizia, sopraggiungeva la passione per un determinato argomento.

Per questo tengo in modo particolare a questo testo e per questo mia figlia non è estranea alla tecnologia, a internet, ai video e ai social. Lei ha un cervello che assorbe come una spugna, ma ha anche una guida. Una guida che non invade il suo spazio, ma la consiglia.

I nostri bimbi e il futuro

I bambini rappresentano il nostro futuro, e questa è una verità innegabile. Ma cosa desideriamo veramente per loro? Come li stiamo aiutando a crescere e a svilupparsi nel miglior modo possibile? Dobbiamo porci queste domande fondamentali e cercare soluzioni concrete. Le conseguenze delle nostre scelte li accompagneranno per tutta la vita, influenzando non solo il loro benessere individuale, ma anche il futuro della nostra società.

L'esempio che ho fornito lo dimostra chiaramente: ogni decisione che prendiamo oggi, dall'educazione alla salute, dall'ambiente alla cultura, avrà un impatto duraturo sulle generazioni future. Non pensate che qualcuno abbia già tutte le risposte in mano; stiamo parlando del futuro e delle previsioni, un campo incerto e complesso. Stiamo parlando della cosa più importante che farete mai: plasmare il domani dei nostri figli.

Tremo al pensiero di ciò che potrà accadere se non agiamo con saggezza e lungimiranza. Se siete preoccupati per il futuro dei vostri figli, sappiate che siete in buona compagnia. Anch'io sono preoccupato e, come voi, sto imparando strada facendo. Non ho tutte le risposte, ma sono convinto che, lavorando insieme, possiamo trovare soluzioni che garantiscano un futuro migliore per i nostri bambini.

È essenziale che ci impegniamo a creare un ambiente che favorisca la loro crescita emotiva, intellettuale e fisica. Questo significa investire in un'educazione di qualità, promuovere valori di rispetto e responsabilità, e proteggere il pianeta per le generazioni future. Ogni piccolo passo conta, e ogni azione può fare la differenza.

In conclusione, il futuro dei nostri bambini è nelle nostre mani. Dobbiamo essere consapevoli delle nostre responsabilità e agire con determinazione e amore. Solo così potremo garantire loro un domani pieno di opportunità e speranza.

Come abbiamo detto in un testo sul **capitolo 5**: *"nascondere la testa sotto la sabbia" non è una strategia vincente. Se pensiamo ai danni che si possono causare fingendo che nulla sia cambiato, quando invece tutto è cambiato...*

Nel mio lavoro, ripeto spesso che fermarsi significa andare indietro. Purtroppo, il mondo è cambiato, il commercio è cambiato, il marketing è cambiato la comunicazione a qualsiasi livello e per qualsiasi scopo è cambiata, sono cambiati i termini i significati e ci sono perfino termini nuovi.

Ciò che funzionava ieri, oggi non va più bene, e domani vi sentirete obsoleti anche se vi siete fermati solo per due giorni. Tutto il mio ragionamento si basa su una logica semplice: se creiamo un vuoto, quel vuoto prima o poi verrà riempito. Non credete di avere tempo, non ce l'avete. Non potete permettervi di valutare, dovete agire.

Ecco perché ho sentito il bisogno di scrivere questo testo. Non per fornire una guida, ma per creare un dubbio, per dirvi: non fermatevi. Rischiate di tornare indietro e di far tornare indietro i vostri figli, il vostro futuro. Di creare un vuoto conoscitivo che verrà riempito prima o poi con la tecnologia che accelererà sempre di più e con vostro figlio in mezzo ad un mare di dubbi incertezze e cose fin li ignorate.

Matrix Esiste davvero

Ma arriviamo alle questioni importanti, la prima delle quali è il concetto di target che vi ho esposto. Alla fine tutto si riduce a questo, noi siamo dei target, per l'istruzione, per la sanità, per le tasse, per quello che diventeremo o per quello che già siamo. In ogni ambito, noi siamo dei target da colpire. Giratevi attorno e fateci caso, se aprite gli occhi e ci ragionate ci arrivate anche da soli. Mi torna in mente il film Matrix, e guardate che i fratelli Wachowski non si sono discostati troppo dalla realtà. Certo, loro hanno romanzato un concetto che però è molto affine a quello che stiamo vivendo. In effetti siamo coltivati, le pubblicità ci inseguono, siamo praticamente stalkerizzati dalle compagnie telefoniche e se non sono loro sono quelli dei guadagni in borsa, più tutti gli altri che chiedono soldi ovunque.

E non riusciamo, nessuno lo sa, a capire dove caspita abbiano preso il nostro numero di cellulare. Io a casa ho il telefono con la suoneria a zero, e suona di continuo e nessuno dei miei contatti o conoscenti conosce il mio numero di telefono di casa. Pazzesco. Siamo proprio "coltivati". E in questo campo dove veniamo "allevati, ora c'è anche nostro figlio, e gli dobbiamo dare almeno una traccia di cosa lo circonda.

I social il nemico ideale

Vi ho parlato dei social, perché sembra che sia il nemico ideale del momento, ma non lo è, parliamo di un fenomeno di massa che NON APPARTIENE NE A NOI NE ALLO STATO.

E già avere questa conoscenza vi cambia tutto, perché parliamo di un gioco diverso da quello che avevate in mente fino ad oggi.

Dovete comprendere che i social media oltretutto, non sono quelli di noi boomer, quelli delle feste e dei raduni, non più come li intendevate tempo fa, come vi dicevo, pur essendo passato qualche anno, sembrano eoni fa, e non esistono più. Come ho già detto, il mondo cambia, si rivoluziona e ogni volta che lo fa, accelera.

In termini più pratici, questo significa che chiunque acceda a una piattaforma social, da YouTube in giù, diventa automaticamente il target ideale per una campagna pubblicitaria. Il ragionamento è semplice: se uso il mio cellulare, divento il target di campagne pubblicitarie, rendendo unico il mio dispositivo. L'unicità del mio dispositivo è data dall'uso che ne faccio. Ora, se a questo aggiungo mia figlia, capite bene che tutto si complica terribilmente.

Il target dei bambini non si sposa facilmente con quello degli adulti, e viceversa è ancora peggio. Le campagne e le pubblicità scelte per me non sono adatte per mia figlia. Soprattutto, mia figlia, a differenza mia, non ha gli strumenti e la conoscenza sufficienti per discernere tra ciò che è giusto e ciò che è sbagliato. Di conseguenza, campagne che io scarterei a prima vista potrebbero invece coinvolgere mia figlia, che non comprende né cosa sta vedendo né perché lo sta vedendo.

Questo significa che mia figlia non deve accedere a queste informazioni? No, significa che devo fornirle gli strumenti giusti per farlo. E di sicuro, il mio cellulare non fa parte di questi strumenti, per cui via cellulare? La mia risposta è NO, via cellulare mio, OK dispositivo suo, che usa Lei e solo lei. Ma NON DA SOLA!

Considerazione su Gioco d'Azzardo e Cyberbullismo

Abbiamo toccato questo argomento solo in superficie, come credo sia giusto affrontarlo. Sarò ripetitivo, ma per problemi seri avete bisogno di professionisti, di essere accompagnati da qualcuno che possa davvero aiutarvi. E sicuramente quel qualcuno non può essere un libro. Non è questo il caso, ma non fidatevi nemmeno degli altri.

Purtroppo esistono situazioni, contesti e problematiche serie. Nel primo caso, devo tornare al target e alle campagne create ad hoc proprio per attrarre giocatori. Durante la scrittura di questo capitolo, mi è capitato più volte di vedere pubblicità di giochi che promettono facili guadagni semplicemente giocando.

Non esiste alcun modo per guadagnare denaro se non con il lavoro, e nei giochi d'azzardo vince sempre il banco. Non conosco nessuno che si sia arricchito giocando. Quei pochi che hanno vinto le varie lotterie, chi più chi meno, hanno tutti fatto una pessima fine. Purtroppo non c'è nulla da fare. Lo ripeto di nuovo: vince sempre il banco e perdono tutti.

Mi sento di darvi una mia massima che funziona al 100%.

"Quando un prodotto di qualsiasi tipo ti viene dato gratis, allora vuol dire che il prodotto sei TU!"

Che possiamo accomunare per renderlo piu chiaro ad un altro famoso detto: **" Se al tavolo del poker dopo 30 minuti non hai ancora capito chi è il pollo, vuol dire che sei tu il pollo"**

Non esiste in marketing la parola gratis, se state davanti ad una "sponsorizzata" e lo vede scritto perché è lo mettono scritto bello chiaro, e in quella sponsorizzata vi viene detto che vi stanno regalando un contenuto gratis, un sistema un segreto e qualsiasi altra cosa, in modo gratuito, significa solo che il prodotto sei tu, o i tuoi dati, non clikkare nulla e swappa avanti (scorri avanti su un altro contenuto) sei davanti o a della fuffa o ad una truffa (e non a caso suonano quasi allo stesso modo)

Abbiamo parlato del Cyberbullismo e della solitudine, li metto insieme perché sono entrambi due aspetti dello stesso problema. Spesso avrete trovate delle ripetizioni degli stessi argomenti, non è stato fatto casualmente, o per errore, l'ho fatto volutamente perché spero che certi concetti vi rimangano dentro.

Il cyberbullismo è un fenomeno che, purtroppo, è esploso parallelamente all'uso di Internet per i social media. I cosiddetti "leoni da tastiera" esistono e sono pronti a sfogare ogni loro frustrazione sul primo che capita.

La cosa più importante è parlarne, avere qualcuno con cui confidarsi, denunciare se necessario e non avere paura. La solitudine è la prima vera nemica di chi è vittima della gogna mediatica che i social possono portare.

È proprio la solitudine che ti fa pensare erroneamente che non esista via d'uscita. E proprio questo è il gioco sporco. È una falsità: non è vero che non c'è via d'uscita. C'è sempre un modo per risolvere qualsiasi tipo di situazione. Bisogna avere soltanto la pazienza e la costanza di rialzarsi e rimettersi in piedi. Non esiste alcun limbo, alcun dirupo buio e pericoloso. La vita è una montagna russa. Non ti devi mai preoccuparti di cadere, devi solo pensare a come rialzarti e ripartire. Conta solo quello: ripartire e fare cose diverse, cose nuove.

Se davvero ci potessimo pensare e riflettere, se solo avessimo il tempo di pensare a quali sono le vere priorità della nostra esistenza. Se potessimo, a un certo punto, scegliere cosa portare fino alla fine e cosa scartare, forse capiremmo che la vita è altro, che c'è sempre una luce, e quasi mai un tunnel. E come dicevo prima, non esistono situazioni irrimediabili. La vera domanda è: sta male il bullizzato o chi bullizza? Ma davvero, fra trent'anni, cosa porteremo di questa esperienza con noi? Forse, ragionando così, capiremmo di quanto superfluo ci sia attorno al nostro modo di essere.

Considerazione sulla Realtà vs. Social

Questo capitolo esplora come la tecnologia e i social media hanno trasformato radicalmente il modo in cui viviamo, comunichiamo e interagiamo con il mondo. La realtà fisica, caratterizzata da interazioni faccia a faccia, esperienze tangibili e relazioni concrete, è messa a confronto con il mondo virtuale dei social media, dove le interazioni sono mediate da schermi e tastiere, spesso superficiali e manipolate. Nonostante il capitolo venda dopo quello che tratta di ludopatie e di cyberbullismo, in realtà e se vogliamo il primo conseguente a questo. Il raffronto fra reale e social è fondamentale per la creazione e la diffusione del cyber bullismo o delle ludopatie. Oggi se non sei su un social sei fuori dal tuo contesto da giovane che vive fra i giovani, per cui se ti bullizzo ti bullizzo lì sul tuo social di riferimento. E proprio li apprendo e mi convinco che esistono modi per guadagnare senza lavorare o semplicemente giocando e affidandomi alla fortuna. E per i casi peggiori credendo in una mia presunta abilità o in quel determinato gioco o nell'evadere quelle regole che vincolano il mondo digitale

La Realtà: Un Mondo Complesso e Multidimensionale

La realtà è descritta come un ambiente ricco e complesso, dove le interazioni avvengono in presenza, le esperienze sono tangibili e le relazioni sono profonde e significative. Le interazioni faccia a faccia permettono di osservare espressioni facciali, gesti e toni della voce, fornendo un contesto emotivo ricco che aiuta a comprendere meglio le intenzioni altrui. Le esperienze tangibili coinvolgono tutti i sensi, permettendo di immergersi completamente nell'ambiente e creare ricordi vividi. Le relazioni concrete si sviluppano nel tempo, basate su fiducia, comprensione e reciprocità, e sono dinamiche e in continua evoluzione.

I Social Media: Un Mondo Virtuale e Superficiale

I social media, d'altra parte, rappresentano un mondo virtuale dove le interazioni avvengono attraverso dispositivi digitali. Questo ambiente è caratterizzato da una comunicazione spesso superficiale e frammentata, priva del contesto emotivo fornito dal linguaggio paraverbale. Le immagini e i video sono spesso ritoccati e manipolati per presentare una versione idealizzata della realtà, creando aspettative irrealistiche e portando a sentimenti di inadeguatezza. Gli influencer curano attentamente la loro immagine online, selezionando e manipolando i contenuti per presentare una versione idealizzata di sé stessi, il che può portare a una rappresentazione inautentica e superficiale della propria identità.

Impatti Psicologici e Sociali

Il capitolo analizza gli impatti psicologici e sociali dei social media, evidenziando come possano influenzare negativamente l'autostima, causare ansia e depressione, e portare a un senso di isolamento sociale. La costante esposizione a vite apparentemente perfette può creare ansia e insicurezza, mentre la dipendenza dai social media può portare a una riduzione del tempo dedicato alle attività sociali reali. La diffusione di informazioni false e la manipolazione dei messaggi possono portare a una perdita di fiducia nella comunicazione e nelle relazioni.

Il Fenomeno degli Influencer

E si arriva al fenomeno degli influencer, anche questo, passaggio obbligatorio che in qualche modo c'entra sia con la ludopatia e l'autoconvincimento delle scorciatoie web e il cyber bullismo visti certi atteggiamenti di particolari influencer e al sempre più crescente strumento di promozione e diffusione noto come "dissing", altra piccola lanterna per lucciole dove si organizza a tavolino una serie di contenuti cercando di stimolare fra i proprio follower la cosi detta "advocacy". Che si potrebbe tradurre come la difesa del proprio influencer.

Gli influencer per contro, sono figure centrali nel panorama dei social media, influenzando abitudini di consumo e percezioni sociali. Tuttavia, dietro l'apparente glamour e successo, si nascondono sfide significative, tra cui la pressione della perfezione, il conflitto tra autenticità e manipolazione, e l'instabilità e incertezza del lavoro. Gli influencer devono mantenere un'immagine impeccabile, curando attentamente ogni dettaglio dei loro contenuti, il che può portare a stress e ansia costanti. La costante ricerca della perfezione e la necessità di mantenere un'immagine ideale possono avere un impatto significativo sulla salute mentale, portando a burnout e esaurimento.

La Musica Trap e la Cultura Giovanile

Lo abbiamo detto all'inizio, il metodo di comunicare è cambiato in modo irrimediabile e con una accelerazione pazzesca. Anche la musica ha subito la stessa sorte, e canzoni o testi che prima erano relegati al quartiere o ad un pubblico molto piccolo ora hanno preso una grande visibilità non adeguandosi all'inizio alla nuova e più estesa esposizione, la musica rea così magicamente si è evoluta su piattaforme social con linguaggio molto scurrile e testi deprecabili, diventando musica trap..

La musica trap è un genere emergente che ha guadagnato grande popolarità tra i giovani, riflettendo esperienze di vita reale come la povertà e la violenza. Tuttavia, la glorificazione della violenza e la normalizzazione della criminalità nei testi della musica trap possono influenzare negativamente i giovani, portandoli a credere che la violenza sia una soluzione accettabile ai problemi della vita.

Le Nuove Tendenze Online per la Socializzazione e la Comunicazione tra i Giovani: Un Viaggio nel Futuro Digitale

Social Media e Piattaforme di Messaggistica: Il Cuore della Socializzazione Digitale

I social media continuano a essere il fulcro della socializzazione online tra i giovani. Piattaforme come Instagram, TikTok e Snapchat sono diventate vere e proprie "piazze virtuali" dove i giovani condividono momenti della loro vita attraverso storie, reel e snap. WhatsApp e Telegram, invece, sono i "salotti digitali" dove avvengono le conversazioni quotidiane, spesso arricchite da sticker, GIF e meme. Questi spazi digitali permettono ai giovani di esprimere la loro creatività, condividere esperienze e mantenere connessioni con amici e familiari, anche a distanza.

Gaming e Comunità Online: Nuovi Spazi di Incontro Virtuale

Il gaming online è ormai una "seconda vita" per molti giovani. Piattaforme come Discord sono diventate i "bar virtuali" dove i giocatori si incontrano, chattano e organizzano partite. Giochi come Fortnite e Among Us offrono esperienze sociali immersive, dove i giocatori collaborano o competono in mondi virtuali. Queste comunità di gioco non solo offrono intrattenimento, ma anche opportunità per fare nuove amicizie e sviluppare abilità di lavoro di squadra e strategia.

Live Streaming e Video on Demand: L'Era del "Broadcast Yourself"

Il live streaming su piattaforme come Twitch e YouTube è in piena espansione. I giovani seguono i loro streamer preferiti, partecipando attivamente attraverso chat e donazioni. Anche i video on demand su YouTube e TikTok sono molto popolari per la condivisione di contenuti creativi e informativi, permettendo a chiunque di diventare un "creator". Queste piattaforme offrono non solo intrattenimento, ma anche opportunità per imparare nuove abilità e condividere passioni con una comunità globale.

Realtà Virtuale (VR) e Aumentata (AR): Esplorare Nuovi Mondi

La realtà virtuale e aumentata sta aprendo nuove frontiere nella socializzazione online. Applicazioni come VRChat permettono agli utenti di incontrarsi in ambienti virtuali, creando esperienze immersive e interattive. L'AR, invece, viene utilizzata per arricchire le esperienze sui social media, con filtri e effetti speciali che rendono i contenuti più coinvolgenti. Questi strumenti stanno trasformando il modo in cui i giovani interagiscono e sperimentano il mondo digitale, offrendo nuove forme di intrattenimento e apprendimento.

Intelligenza Artificiale e Chatbot: Compagni Virtuali

L'intelligenza artificiale sta rivoluzionando la comunicazione online. I chatbot stanno diventando sempre più sofisticati, offrendo assistenza e intrattenimento su varie piattaforme. Ad esempio, i chatbot su Messenger e WhatsApp possono fornire informazioni, consigli e persino compagnia virtuale, diventando veri e propri "amici digitali". Questi strumenti stanno diventando sempre più integrati nella vita quotidiana dei giovani, offrendo supporto e interazione in tempo reale.

Clubhouse e le Audio Room: La Rivoluzione dell'Audio Social

Clubhouse ha introdotto il concetto di "audio room", dove gli utenti possono partecipare a conversazioni dal vivo. Questa tendenza sta crescendo, con altre piattaforme come Twitter Spaces che seguono l'esempio, offrendo spazi per discussioni e dibattiti in tempo reale. Le audio room stanno diventando i nuovi "podcast interattivi", dove chiunque può essere sia ascoltatore che speaker. Questi spazi offrono opportunità per condividere idee, apprendere da esperti e partecipare a discussioni stimolanti.

Micro-Comunità e Forum Specializzati: Nicchie di Passione

I giovani stanno sempre più frequentando micro-comunità e forum specializzati su Reddit e altri siti. Questi spazi *permettono di discutere interessi specifici, trovare supporto e condividere esperienze con persone che hanno passioni simili. Sono vere e proprie "tribù digitali" dove ci si sente parte di un gruppo affiatato. Questi spazi offrono un senso di appartenenza e permettono ai giovani di esplorare e approfondire i loro interessi in modo più mirato.*

Educazione e Formazione Online: La Scuola del Futuro

La pandemia ha accelerato l'adozione dell'educazione online. Piattaforme come Zoom e Google Meet sono ormai ben integrate nella vita quotidiana dei giovani, che utilizzano questi strumenti non solo per l'apprendimento, ma anche per socializzare e collaborare su progetti. Le "classi virtuali" stanno diventando sempre più interattive e coinvolgenti, grazie anche all'uso di strumenti di gamification e realtà aumentata. Queste tecnologie stanno trasformando il modo in cui i giovani imparano, offrendo nuove opportunità per un apprendimento più personalizzato e coinvolgente.

Privacy e Sicurezza: Proteggere il Sé Digitale

Con l'aumento delle attività online, la privacy e la sicurezza sono diventate una priorità. I giovani sono sempre più consapevoli dell'importanza di proteggere i propri dati personali e di utilizzare strumenti di sicurezza come l'autenticazione a due fattori e le VPN. La "cyberigiene" è ormai una pratica quotidiana per navigare in sicurezza. Queste misure sono essenziali per proteggere l'identità digitale e garantire un'esperienza online sicura e positiva.

Intelligenza Artificiale per la Creatività: L'Arte del Futuro

L'intelligenza artificiale sta anche cambiando il modo in cui i giovani creano contenuti. Strumenti come gli editor di video e immagini basati su AI, così come le piattaforme di scrittura assistita, stanno rendendo più accessibile la produzione di contenuti di alta qualità. L'AI sta diventando il "co-creator" ideale, permettendo a chiunque di esprimere la propria creatività in modi nuovi e innovativi. Questi strumenti stanno democratizzando la creazione di contenuti, offrendo nuove opportunità per esprimere la propria voce e talento.

Le nuove tendenze online per la socializzazione e la comunicazione tra i giovani sono varie e in continua evoluzione. Dai social media al gaming, dalle realtà virtuali ai chatbot basati su AI, i giovani hanno a disposizione una vasta gamma di strumenti per connettersi e interagire. La chiave è utilizzare queste tecnologie in modo sicuro e consapevole, per trarne il massimo beneficio e navigare nel futuro digitale con curiosità e responsabilità. Questo viaggio nel futuro digitale offre infinite possibilità per esplorare, creare e connettersi in modi nuovi e stimolanti.

Le nuove tendenze online per la socializzazione e la comunicazione tra i giovani sono varie e in continua evoluzione. Dai social media al gaming, dalle realtà virtuali ai chatbot basati su AI, i giovani hanno a disposizione una vasta gamma di strumenti per connettersi e interagire. La chiave è utilizzare queste tecnologie in modo sicuro e consapevole, per trarne il massimo beneficio e navigare nel futuro digitale con curiosità e responsabilità.

Il Mondo in Evoluzione: Opportunità e Sfide della Tecnologia

Come ho detto e ripetuto molte volte, il mondo come lo conoscevamo non esiste più. Molte cose sono cambiate e alcune rivoluzioni sono ancora in atto mentre sto scrivendo. Nel giro di pochissimo tempo, tutte le carte in gioco cambieranno nuovamente. Se penso all'intelligenza artificiale (AI) che sta sostituendo figure professionali che fino a poco tempo fa erano fondamentali, mi rendo conto che siamo appena all'inizio di questa trasformazione.

L'Avvento dell'Intelligenza Artificiale

L'intelligenza artificiale sta rapidamente diventando una forza trainante in molti settori. Dalle diagnosi mediche alla gestione delle risorse umane, dall'analisi finanziaria alla creazione di contenuti, l'AI sta rivoluzionando il modo in cui lavoriamo e viviamo. Questo progresso tecnologico porta con sé sia opportunità che sfide.

Opportunità e Sfide

Dobbiamo davvero avere paura di tutto questo? Dobbiamo proteggerci da questa tecnologia che avanza come un carro armato, schiacciando e demolendo tutto? Dal mio punto di vista, assolutamente no. Anzi, si aprono molte opportunità.

Pensiamo alla Londra dell'800, dove per le vie c'erano solo cavalli e mucchi del loro sterco, e solo qualche fumoso e rumoroso mezzo a motore. Se guardiamo Londra oggi, vediamo una città completamente trasformata. Sono passati solo 200 anni, e la nuova era accelera molto, ma davvero molto di più.

Adattarsi al Cambiamento

Il progresso tecnologico è inevitabile e sta accelerando a un ritmo senza precedenti. Invece di temerlo, dobbiamo adattarci e sfruttare le nuove opportunità che si presentano. Questo significa:

1. *Formazione Continua: Investire nella formazione e nell'aggiornamento delle competenze per rimanere rilevanti in un mercato del lavoro in continua evoluzione.*

2. *Innovazione: Incoraggiare l'innovazione e l'adozione di nuove tecnologie per migliorare l'efficienza e la qualità della vita.*

3. *Etica e Regolamentazione: Sviluppare framework etici e regolamentazioni adeguate per garantire che la tecnologia sia utilizzata in modo responsabile e sostenibile.*

Vi auguro con tutto il cuore che questa lunga lettura vi sia stata utile e vi abbia stimolato qualche riflessione. Anche solo un piccolo dubbio sarebbe sufficiente, poiché, come ho ampiamente detto, non è mia intenzione insegnare a nessuno come vivere. Fuggire dalla tecnologia è praticamente impossibile, non giriamoci troppo intorno. È molto più intelligente affrontarla, cavalcarla e, se possibile, padroneggiarla. Per i nostri piccoli, è assolutamente fondamentale renderli partecipi del mondo che li circonda e delle infinite possibilità che si aprono davanti a loro. Ovviamente, questo deve essere fatto in modo corretto, guidato e consapevole.

Biblioteca, Approfondimenti e Nuove risorse

Il Mondo Digitale dei Bambini

Libro: "Bambini e Schermi: Come Gestire l'Uso della Tecnologia in Famiglia"

- **Autore:** Manfred Spitzer
- **Descrizione:** Questo libro esplora l'impatto della tecnologia digitale sui bambini e offre consigli su come gestire l'uso degli schermi in famiglia.

Articolo: "L'Educazione Digitale dei Bambini"

- **Fonte:** La Repubblica
- **Descrizione:** Questo articolo discute l'importanza dell'educazione digitale per i bambini e come le scuole stanno integrando la tecnologia nell'insegnamento.

Studio: "L'Impatto degli Schermi sulla Salute dei Bambini"

- **Fonte:** Ministero della Salute
- **Descrizione:** Questo studio analizza gli effetti dell'uso eccessivo degli schermi sulla salute fisica e mentale dei bambini.

Ludopatia Infantile

Libro: "Gioco d'Azzardo e Adolescenza: Rischi e Prevenzione"

- **Autore:** Marco Cicognani
- **Descrizione:** Questo libro esplora i rischi del gioco d'azzardo tra gli adolescenti e propone strategie di prevenzione.

Articolo: "La Ludopatia tra i Giovani: Un Problema Crescente"

- **Fonte:** Corriere della Sera

- **Descrizione:** Questo articolo discute l'aumento della ludopatia tra i giovani e le misure necessarie per affrontare il problema.

Studio: "Prevenzione della Ludopatia tra i Minori"

- **Fonte**: Istituto Superiore di Sanità
- **Descrizione:** Questo studio esamina le strategie di prevenzione della ludopatia tra i minori e l'importanza dell'educazione e del supporto familiare.

Cyberbullismo

Libro: "Cyberbullismo: Comprendere e Affrontare il Fenomeno"

- **Autore**: Anna Maria Giannini
- **Descrizione:** Questo libro offre una panoramica completa sul cyberbullismo, esplorando le cause, gli effetti e le strategie per prevenirlo e affrontarlo.

Articolo: "Il Cyberbullismo tra i Giovani: Un Problema in Crescita"

- **Fonte**: La Stampa
- **Descrizione**: Questo articolo discute l'aumento del cyberbullismo tra i giovani e le misure necessarie per contrastare il fenomeno

Studio: "L'Impatto del Cyberbullismo sulla Salute Mentale degli Adolescenti"

- **Fonte:** Università di Bologna
- **Descrizione**: Questo studio analizza gli effetti del cyberbullismo sulla salute mentale degli adolescenti, con dati e interviste.

Video: "Cyberbullismo: Riconoscerlo e Affrontarlo"

- **Fonte**: TEDx Talks
- **Descrizione**: Questo video presenta una conferenza di un esperto sul cyberbullismo, che discute come riconoscere i segnali e come affrontare il problema.

Sito Web: "Telefono Azzurro - Cyberbullismo"

- **Descrizione:** Questo sito web offre risorse e supporto per chiunque sia vittima di cyberbullismo, con consigli pratici e linee guida.

I Social e I Giovani

Libro: "I Social Media e i Giovani: Opportunità e Rischi"

- **Autore**: Paolo Ferri
- **Descrizione**: Questo libro esplora come i social media influenzano la vita dei giovani, analizzando sia le opportunità che i rischi associati al loro uso.

Articolo: "L'Impatto dei Social Media sulla Salute Mentale dei Giovani"

- **Fonte:** Il Fatto Quotidiano
- **Descrizione**: Questo articolo discute come l'uso dei social media può influenzare la salute mentale dei giovani, con interviste a esperti e dati recenti.

Studio: "L'Uso dei Social Media tra gli Adolescenti Italiani"

- **Fonte**: ISTAT
- **Descrizione:** Questo studio fornisce dati statistici sull'uso dei social media tra gli adolescenti in Italia, con analisi delle tendenze e dei comportamenti.

Video: "Social Media e Giovani: Un Dialogo Necessario"

- **Fonte:** YouTube (Canale Educativo)
- **Descrizione**: Questo video presenta un dialogo tra esperti e giovani sull'uso dei social media, discutendo sia i benefici che i rischi.

Sito Web: "Generazioni Connesse"

- **Descrizione:** Questo sito web offre risorse e consigli per un uso sicuro e responsabile dei social media da parte dei giovani, con sezioni dedicate a genitori e educatori.

Atre Risorse

1. **"Adolescenti Navigati:** Manuale di Sopravvivenza su Internet e Social Media" di **Maura Manca**
    - Descrizione: Un manuale pratico per genitori ed educatori su come aiutare gli adolescenti a navigare in sicurezza nel mondo dei social media.

2. "Cyberbullismo: Come Riconoscerlo e Combatterlo" di **Anna Oliverio Ferraris**
    - Descrizione: Questo libro esplora il fenomeno del cyberbullismo, fornendo strumenti e strategie per prevenirlo e affrontarlo.

3. **"Generazione Social: Come i Giovani Usano i Social Media"** di **Gianni Riotta**
    - Descrizione: Un'analisi approfondita su come i giovani utilizzano i social media e come questi influenzano la loro vita quotidiana.

4. **"Educare all'Era Digitale: Sfide e Opportunità"** di **Antonio Eca**
    - Descrizione: Questo libro offre una panoramica sulle sfide educative legate all'uso dei social media e suggerisce strategie per affrontarle.

5. "La Rete ci Cambia: Impatto dei Social Media sulla Società" di **Vittorio Zambardino**

- *Descrizione: Un'analisi critica su come i social media stanno cambiando la società, con un focus particolare sui giovani.*

6. **"Social Media e Benessere Psicologico: Rischi e Benefici"** di **Giuseppe Riva**

    - *Descrizione: Questo libro esplora l'impatto dei social media sul benessere psicologico dei giovani, con dati e studi recenti.*

7. **"Digital Natives: Crescere nell'Era dei Social Media"** di **Marc Prensky**

    - *Descrizione: Prensky analizza come i giovani, nati nell'era digitale, interagiscono con i social media e come questi influenzano il loro sviluppo.*

8. **"La Vita Online: Come i Social Media Stanno Cambiando le Nostre Vite"** di **Howard Rheingold**

    - *Descrizione: Un'analisi approfondita su come i social media stanno trasformando le nostre vite, con un focus sui giovani e le nuove generazioni.*

9. **"Social Media e Identità: Costruire Sé Stessi Online"** di **Sherry Turkle**

    - *Descrizione: Turkle esplora come i giovani costruiscono la loro identità attraverso i social media e quali sono le implicazioni psicologiche e sociali.*

10. **"Educazione Digitale: Strumenti e Strategie per un Uso Consapevole dei Social Media"** di **Paolo Ferri**

    - *Descrizione: Questo libro offre strumenti e strategie per un uso consapevole e responsabile dei social media da parte dei giovani.*

www.ingramcontent.com/pod-product-compliance
Lightning Source LLC
Chambersburg PA
CBHW052143220526
45471CB00004B/1495